「幸福学」が明らかにした
幸せな人生を送る子どもの育て方

慶應義塾大学大学院教授
前野隆司

Discover

はじめに

ついに、時が来ました。念願の、育児の本を書くときが。

なるほど、今なら、それは今なのだということがわかります。

今から16年前、40歳だった私は、妻とともに、ハーバード大学留学中のマサチューセッツでの子育て体験があまりに素晴らしかったので、それをもとに育児の本を出そうと思っていました。息子が5歳、娘が1歳のころです。

必死になって、自分たちの想いを本1冊分の原稿として書き下ろし、出版社に持ち込みました。

すると、こう言われたのです。

「前野先生、あなたはロボットや脳科学の専門家です。だから、ロボットや脳科学の本を出せば売れるかもしれません。

しかし、教育学や育児の専門家でもないのに、育児の本を出そうと思ったって、出してくれる出版社はないし、読んでくれる人もいませんよ」

……がーん。

せっかく書いたのに、あっさり、却下。

確かに、おっしゃるとおり。厳しい現実でした。

そりゃそうだ、ということで、育児本の話は封印しました。

そして、私たち夫婦は誓いました。「いつかきっと、子育ての本を書こう」、と。

で、私の専門についての本を書くことにしました。2004年に、『脳はなぜ「心」を作ったのか――「私」の謎を解く受動意識仮説』（筑摩書房）という、はじめての縦書きの本を出したら、何万部も売れたのです。

一言でいうと、人間の心は本当はないんじゃないか、という内容です。

ロボットの研究から、人間の幸せや共感の研究へ

このころから、研究テーマは次第にロボットから人間に、心の中でも幸せや感動や共感の研究に移っていきました。

2008年から始めた「幸福学」（幸せやwell-being、ポジティブ心理学の研究）も軌道に乗り、いつの間にか「幸福学の第一人者」と呼ばれるようになりました。

小学校受験をする子どもたちや、そのご両親への幸福学教育も行い、成果を上げるようになりました（具体的な成果については、その一例を第2章でご紹介します）。小学校から大学院まで、さまざまな教育の場でも、幸福学教育を行っています。

その間、妻は小学校のPTA会長を引き受けたり、「子育てのビジョンを考える会」を主催したりして活躍。その後、妻も幸福学研究をするようになり、2017年には、わかりやすい幸福学の本を出すに至りました。

そうなんです。16年前には、子育てへの強い思いはありましたが、私には「幸せな子育て」のための学問基盤はなかったと言っていいでしょう。素人でした。

しかし、16年間の長い旅を続け、気がついたら、幸福学から見た学術的な子育ての本を書くだけの経験と知識が身についていたのです。

しかも、子どもたちは、今年度末に高校と大学を卒業するまでに育ちました。もう、ほぼ独り立ち直前です。

いま思えば、16年前の、2人を育てる経験が始まったばかりのころに子育ての本を書こうとしたのは無謀でした。アマチュアすぎでした。

今の妻と私は、その後16年間、子育ての実践で学んできましたから、気づいてみたら、経験豊富。今こそ、子育ての本を書くべきときですよね。

大学4年生の息子は言います。「僕はまだ何になれるかわからないけど、幸せになる自信だけはあるから、お父さん、お母さん、安心して」。

高校3年生の娘も言います。「お父さんとお母さんは大好きだし、尊敬もしている。体に気をつけて、これからも世界中の人を幸せにするために、がんばってね」。

息子が言うように、子どもたちはまだ何になるかはわからないけれど、**「幸せになる自信がある」**とは、いいことを言うようになったものです。頼もしい。安心です。

そして、尊敬と信頼の思いやりある人間関係。仲のいい家族。こつこつと、みんなで、いい家族に育ってきたなあ、子どもたちも大きくなったなあ、と感慨深く思います。

だから、今なんですよね。子育てと幸せについての本を書くとき。ノウハウと理論をみんなに伝えるとき。16年前にはなかった「幸福学」という基盤を軸に、子育ての本を書くという夢がかなうとき。

子育ての基本は、「親が幸せでいること」！

そうなんです。願えば想いはかなう。

正直言って、願ってから長い間、忘れていました（笑）。子育てとは関係ない、ロボットとか、脳科学とか、幸福学の研究に没頭していましたから。

そして、気づいてみたら、「あれ？　俺、子育ての本、書けるじゃん」。夢がかなっていたのです。


こう言うと、最近はやりのスピリチュアルな話に似ていますね。

願う。強く願う。結果を期待しない。ただ、ワクワクすることだけをする。

すると、願いはかなうのです。


私が学術的に研究してきた幸福学から見ても、そういうことなんだと思います。

あなたが、あなたらしく、心を開き、ワクワクすることをしていたら、あなたは幸せになり、幸せだと創造性も生産性も上がり、夢や目標も明確になり、すてきな人との出会いも加速し、願いが実現する確率が大きく高まるのです。


子どもとともに育った今だからわかります。

子育ての一番の基本は、「あなたが幸せでいること」。ただ、それだけです。

そして、あなたがいきいき、ワクワクしていたら、そのエネルギーはパートナーや子どもやコミュニティにも伝染します。そして、子どもたちも幸せになります。

本文でも述べますが、なんと「幸せは伝染する」という学術研究結果があるんです（ハーバード大学医学部のニコラス・クリスタキス教授とカリフォルニア大学サンディエゴ校のジェームズ・フォーラー教授らの共同研究）。

「子どもたちを幸せにしなきゃ！」なんて力まなくても、いいえ、力まないからこそ、子どもたちは幸せに育つのです。

人を育む、すべての人に幸せを

巷には、妊娠、出産、育児についてのさまざまな情報や流言飛語があふれています。本屋さんに行けば、名だたる知識人や経験豊富な人々による、あらゆる角度からアプローチした育児書が並んでいます。

もちろん本屋に行かなくても、インターネットを活用すれば、誰もが簡単に、得たい情報や知りたいことにアクセスできる時代です。このような時代には、情報が多すぎて困ることはあっても、情報がなくて困ることはあまりないでしょう。

そんな便利な時代になりましたが、私は、子育てに悩んだことがないという親御さんにお会いしたことがありません。みなさん、大なり小なり、子どもや家族のこと、そして自分自身についての悩みを抱えています。

なぜなら、どんなに迅速に、多様な情報が得られても、「人間を育む」ということに関しては、知識だけでは太刀打ちできないからです。当然ながら、**人は生まれながらにして誰かの親であるわけではなく、子どもが成長するのと同じように、親として少しずつ学び、成長していくものなのです。**

私が子どもだったころは、親にも子どもにも根拠のない安心感があり、子どもは少しくらい学校に行かなくとも何とかなるような時代でした。

田舎だったせいもあるでしょうが、学習塾なんか行ったこともありません。偏ったプレッシャーや「何かをせねばならない」感が少なく、学校から帰宅したら日が暮れるまで遊ぶ。そんな毎日でした。なつかしいですね。

時代の変遷とともに、住環境はもちろん、家庭環境や教育環境、ひいては社会で求められる人間像までが変化してしまいました。

人は一人では生きられません。厳しさも含めて、多様性と多様な愛情のなかで子どもを育てることが最も理想的なのです。

たとえば日本では、「子育て＝母親の役目」という図式を当たり前のようにとらえる人が少なくありません。しかし、多様性という観点から見ると、これは非常に偏った物の見方です。

コミュニケーション不足も同様です。子どもが突然、「学校に行きたくない」と言い出したら、反射的に「どうして学校に行きたくないの？　なんで？」と問い詰めるのではなく、そこに至るプロセス、つまり、「なぜ、そうなってしまったのか」「どうしてそう思うのか」を聞いてあげる必要があります。

本書では、子どもにかかわるすべての方に、「子どもを育むということを通して、こんなにも豊かな学びや成長があるんだ」「もっと力を抜いていいんだ」「生きるって、こんなに幸せなことなんだ」と感じられるようなメッセージを届けたいと思っています。

幸せは、ほかでもないあなたから始まります。あなたが笑顔で、オープンマインドであれば、子どもやパートナー、家族や友人、そして社会までをも幸せにすることができるのです。

だから、この本を、子どもを育てるすべての人に贈ります。
この本が、みんなの悩みを解決するヒントになりますように。
みんなの大変さやストレスが和らぎますように。
そして、みんなが、子どもとともに、大きく歩んでいけますように。
心を込めて、願っています。

本書の構成

さて、この本は、「はじめに」の後に5つの章、そして「おわりに」からなります。それぞれの章の内容は以下のとおりです。

第1章では、幸福学の基本についてお話しします。特に、私が明らかにした「幸せの4つの因子」について述べていきます。

第2章では、幸福学的に幸せな子育てをする際のキーワードとなる、「ビジョン」「ストレス」「対話」についてお話しします。

第3章は、実例をもとにしたQ＆Aです。具体的な課題解決法を知りたい方のために、たっぷりとページを割きました。妻・前野マドカのコラムもところどころに出てきます。

第4章は、「幸福」体質になるための実践編です。「幸せな子育て期を過ごすためのトレーニング＆ワーク」と題し、「メタ認知トレーニング」「傾聴・対話トレーニング」「マインドフルネストレーニング」「ポジティブになるワーク」「家族のためのハッピーワーク」「フューチャーコラージュワーク」「自己受容、自己肯定感アップトレーニング」「幸せが増す休日の過ごし方」「1日の終わりのチェックリスト」「幸せな子育てのための10の心得」などの楽しいワークを紹介しています。

第5章では、私たちの大学院で教えている「システム×デザイン思考」で、難しい問題を創造的に解決する方法についてお話しします。

構成をご覧になってわかりますように、本書は、幸福学、教育学、心理学、システムデザイン・マネジメント学のエッセンスが詰まった本です。

つまり、子育てのために大切だと、妻と私が思っている内容を、思う存分、しかしコンパクトに詰め込んだ本です。みなさまに、愛を込めて贈ります。

それでは、リラックスして、ゆっくりと、楽しんでください！

前野隆司

「幸福学」が明らかにした 幸せな人生を送る子どもの育て方 **もくじ**

第2章 「幸せの4つの因子」を高める4つの行動原則

第3章 悩みが消えて心がラクになる

Q&A「幸福学」的に幸せな子育て

第4章 幸せな子育て期を過ごすためのトレーニング&ワーク

第5章 幸福学×「システム×デザイン思考」で、子どもと一緒に「今」と「未来」を描く

コラムもくじ

第1章

幸福学が明らかにした「幸せの4つの因子」

1 ロボット研究者の私が、幸福の研究をはじめたわけ

私が研究している幸福学とは、幸せについて、科学的見地から調査・分析するとともに、これまで数多くの研究者たちが蓄積してきた膨大な研究データをまとめ、体系化していく学問です。

よく、「宗教ですか?」と聞かれることがあります。一人でも多くの方へ伝えたいという想いは似ているかもしれませんが、もちろん宗教ではありません。科学です。どうしたら、より多くの方々の役に立ち、社会全体の幸福度を向上させられるのか、といったことを、日々、学術的に研究・教育しているのです。

もともとロボットや脳科学の研究者であった私が、なぜ幸せの研究をするようになったのか——拙著『幸せのメカニズム』(講談社現代新書、2013年)でもお話ししましたが、ここでまず簡単にご説明しましょう。

物理的な豊かさは、人間の本質的な幸福に寄与しない

私は若いころから、将来はエンジニアになると決めていました。最初に入った会社ではカメラの開発に、その後、大学の教員になってからはロボットの開発に携わってきました。

どの仕事も楽しかったですし、幸せを感じていました。ところがあるとき、モノを開発し生み出すことは、はたして人々の本質的な幸せに寄与するのだろうか、という疑問を感じるようになったのです。

確かに、高度経済成長により日本のＧＤＰは増加し、モノが増え、物質的には豊かな国となりました。しかし、**その間の国民生活満足度を見ると、実は横ばい状態というデータがある**のです（図１－１）。

図1-1　生活満足度と一人当たり実質GDPの推移

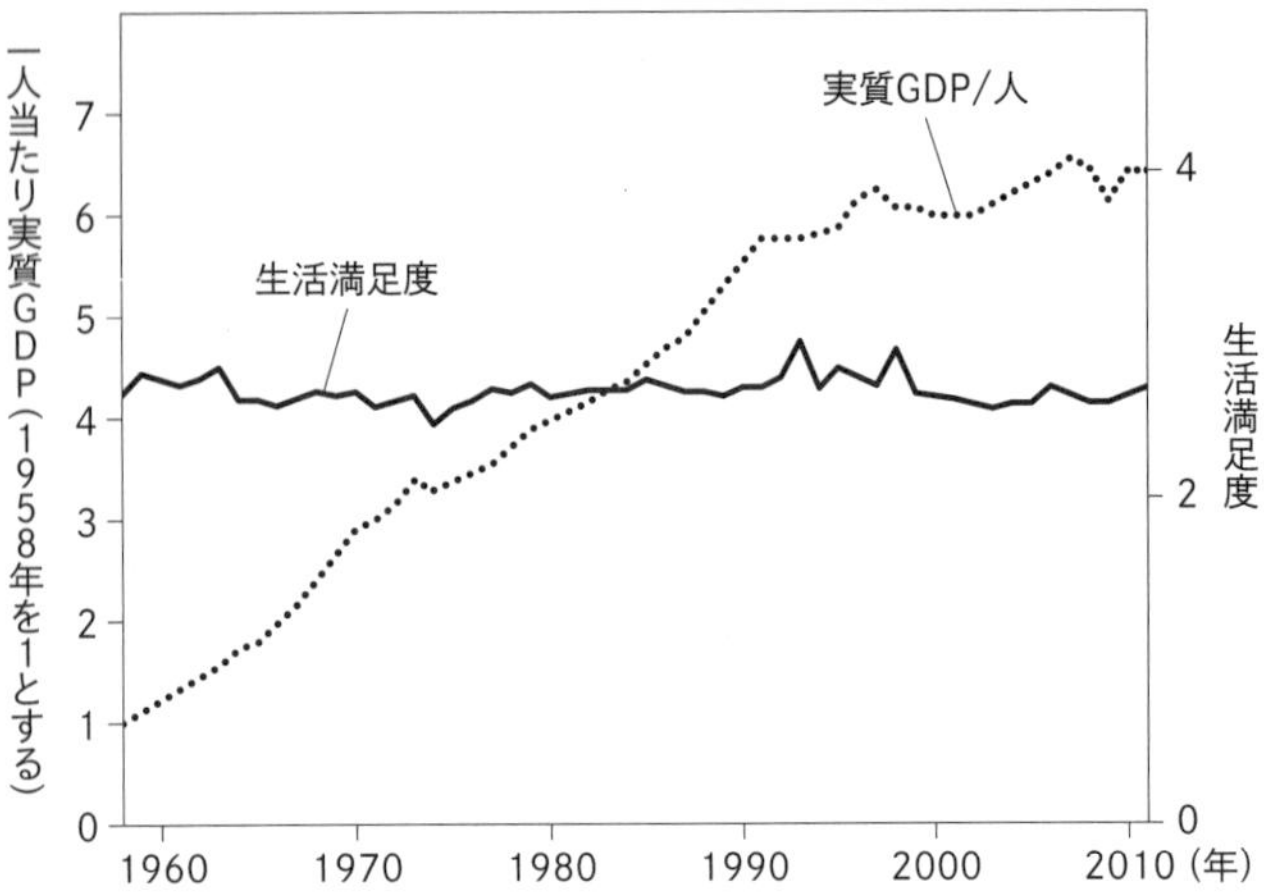

出典：前野隆司『幸せのメカニズム』11ページ

このグラフからわかることは、どれだけ所得が増え、欲しいモノが手に入り、**物理的な生活が豊かになったとしても、人々の本質的な幸福には直接、影響しない**ということです。

科学技術の進歩とそれに基づく豊かさの向上が、人々の幸せに直接的に寄与しない。

このことに、私は少なからぬショックを受けてしまったのです。

「偽物の感情」ではなく、「本物の幸せ」の研究を

その当時、私は人間をより理解するために、ロボットの心に関する研究を行っていました。しかし、いくら笑ったり喜んだりするロボットを作っても、ロボットは心の底から喜んでいるわけではない。いわば、「偽物の感情」です。

そこから私はロボットの幸せではなく、「本物の幸せ」、つまり人間の幸せのメカニズムを明らかにしたいと考えるようになりました。こうして、幸せの研究をはじめたのです。

しかも、幸せの研究としては一般的だった哲学や心理学の観点からではなく、工学者として、直接的に人々の役に立つような幸福学を目指すようになりました。

それまでにも幸せの研究は行われていましたが、世界中の研究者たちが思い思いに研究し、その成果をそれぞれが蓄積している状態で、体系立ってはいませんでした。

そもそも、幸せの定義は人それぞれ違いますし、幸せだと感じる感度も異なりますから、それを研究し、学問として体系化させることは困難だと考えられてきたのです。ならば、バラバラな状態で世界中に散らばっている研究の成果を体系化し、「人はどうしたら幸せになるのか」という心のメカニズムを明らかにし、より多くの人へ伝えたい。子どもからお年寄りまで、誰もが理解でき、実践できるような「幸せになる方法」の研究を確立させたい、そんな想いに至ったのです。

幸福学が発見した「幸せの4つの因子」

2

「幸福」や「幸せ」は、どのように定義されているのでしょうか。

辞書（『広辞苑第七版』および『ジーニアス英和大辞典』）を引いてみると、次のような説明があります。

【幸福】心が満ち足りていること。また、そのさま。しあわせ。

【幸せ】幸福。好運。さいわい。また、運が向くこと。

【happy】幸福な、幸せそうな、楽しい、友好的な、うれしい、喜んで……する

【well-being】幸福、福利、健康

日本語の「幸せ」の語源は、「し合わせ」だといわれています。「する」という動詞

の連用形である「し」に、「合わせる」。つまり、何かの動作をしている自分に、何かが合わさることが「し合わせ」の語源だったのです。

また、「し合わせ」は必ずしも良いことばかりではなく、偶然めぐり合った良いことも悪いことも含めて「し合わせ」ととらえていたともいわれています。それがいつしか、良い意味だけが「しあわせ」と認識されるようになったのです。

幸せには、長期的なものと短期的なものがある

一方、世界の歴史を遡ってみましょう。古代ギリシャ・ローマでは、幸せに関する2つの考え方がありました。

1つは「幸福主義」（eudaimonism、ユーダイモニズム）で、人生の長きにわたり幸福で意味のある人生を目指すべきだという考え方。2つめは「快楽主義」（hedonism、ヘドニズム）で、場当たり的な快楽の繰り返しが幸せだという考え方です。

前者は長期スパンの深い幸せ、後者は短期スパンの刹那的な幸せと言ってもよいで

しょう。

英語の「happy」には、「幸せ」という意味と、「うれしい」「楽しい」という意味があります。「幸せ」は、人生が幸せであるという長期スパンの心の状態であるのに対し、「うれしい」「楽しい」は気分や感情を表すので、短期スパンであるといえます。

つまり「happy」には、古代ギリシャ・ローマ時代の考え方と同様、長期的な幸せと短期的な幸せの意味合いが含まれているのです。

これに対し、近年、心理学の分野では「well-being」（ウェルビーイング）という言葉が使われてきました。この「well-being」には、「幸せ」だけでなく、「健康」や「福利」という意味もありますが、欧米の幸福研究では、一般的に「良い状態であること」を意味するwell-beingが使われています。

長続きする幸せをもたらす心的要因があった！

一般的に、幸せには「長続きしない幸せ」と「長続きする幸せ」があることが知られています。

経済学者のロバート・フランクは、周囲との比較で満足を得るものを「地位財」、他人との相対比較とは関係なく幸せが得られるものを「非地位財」と整理しました。

長続きしない幸せは、地位財によりもたらされます。地位財とは、モノやお金、地位のように、他人との比較ができるものです。

一方、**長続きする幸せは、非地位財によってもたらされます。** この非地位財には、健康や自由、愛情などがあります。

そこで私たちは、幸福学の全体像を体系化するために、非地位財型の幸せがどのような要素で構成されているかを分析することからはじめました。

まず、多くの研究者らによって得られた、幸せとの相関の高い多数の要因のうち、心的要因のみを抽出しました。

ここで、なぜ心的要因だけを対象としたかというと、心的要因は非地位財であることが多いのに対して、外的要因は地位財である場合が多いこと、また**心的要因以外の幸福要因は、自分でコントロールできない場合が多い**からです。

次に私たちは、幸せに影響する心的特性について29項目87個の質問を作成し、インターネットを通じて日本人1500人を対象としたアンケート調査を実施しました。

そして、「因子分析」（多変量解析の1つで、多くのデータを解析し、その構造を明らかにするための手法）を用いて分析した結果、**幸せに影響する「4つの心的因子」を導きだしたのです。**

#3 第3因子／「なんとかなる!」因子

前向きと楽観の因子

〈項目〉　〈質問〉

- **楽観性** ←私はものごとが思いどおりにいくと思う
- **気持ちの切り替え** ←私は学校や仕事での失敗や不安な感情をあまり引きずらない
- **積極的な他者関係** ←私は他者との近しい関係を維持することができる
- **自己受容** ←私は人生で多くのことを達成してきた

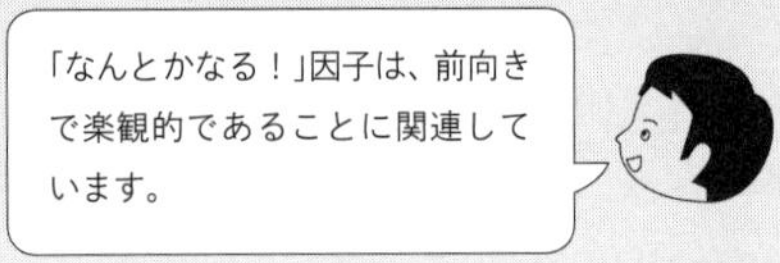
「なんとかなる！」因子は、前向きで楽観的であることに関連しています。

#4 第4因子／「ありのままに!」因子

独立と自分らしさの因子

〈項目〉　〈質問〉

- **社会的比較のなさ** ←私は自分のすることと他者がすることをあまり比較しない
- **制約の知覚のなさ** ←私に何ができて何ができないかは外部の制約のせいではない
- **自己概念の明確傾向** ←自分自身についての信念はあまり変化しない
- **効率追求傾向のなさ** ←テレビを見るときはあまり頻繁にチャンネルを切り替えない

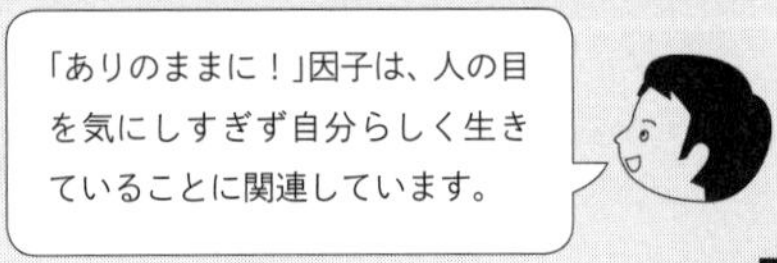
「ありのままに！」因子は、人の目を気にしすぎず自分らしく生きていることに関連しています。

図1-2　「幸せの4つの因子」とそのおもな質問項目

幸せの心的要因に関するアンケート結果から求めた４つの因子と、因子負荷量が大きかった４つの項目およびそのおもな質問項目です。

#1　第1因子／「やってみよう!」因子

自己実現と成長の因子

〈項目〉　〈質問〉

- **コンピテンス（強み）** ←私は有能である
- **社会要請への対応** ←私は社会の要請に応えている
- **個人的成長** ←私のこれまでの人生は、変化、学習、成長に満ちていた
- **自己実現** ←今の自分は「本当になりたかった自分」である

「やってみよう！」因子は、コンピテンス（強み）、社会の要請に応えていること、人生が変化、学習、成長に満ちていること、自己実現できていること、など、自分の自己実現や強み、成長に関連した因子です。

#2　第2因子／「ありがとう!」因子

つながりと感謝の因子

〈項目〉　〈質問〉

- **人を喜ばせる** ←人の喜ぶ顔が見たい
- **愛情** ←私を大切に思ってくれる人たちがいる
- **感謝** ←私は人生において感謝することがたくさんある
- **親切** ←私は日々の生活において、他者に親切にし手助けしたいと思っている

「ありがとう！」因子は、人を喜ばせることや親切などの利他性や、愛されていること、感謝していることのように、人とのつながりに関連した因子です。

出典：前野隆司『無意識の力を伸ばす８つの講義』104-105ページ

これが「幸せの4つの因子」！

●第１因子：「やってみよう！」因子
（自己実現と成長）

夢や目標を持ち、それを実現させるための学習・成長意欲が高いこと。強みがあること。

●第２因子：「ありがとう！」因子
（つながりと感謝）

他者を喜ばせたり、支援したりしていること。家族や友人たちなど人とのつながりや感謝を感じること。

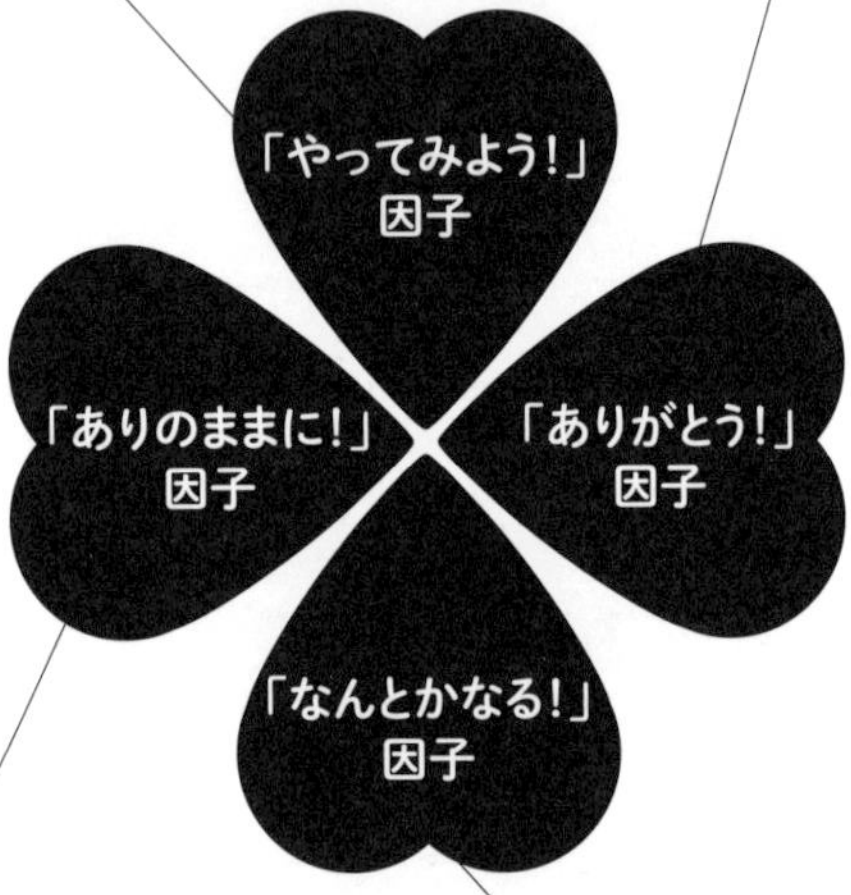

●第３因子：「なんとかなる！」因子
（前向きと楽観）

物事に対して、つねに楽観的でいること。自己肯定感が高く、気持ちの切り替えが早いこと。

●第４因子：「ありのままに！」因子
（独立と自分らしさ）

周りや他人と自分を比べず、自分らしく、あるがままでいること。

「幸せの4つの因子」とは

「幸せの4つの因子」それぞれについて、くわしく説明していきましょう。

●第1因子：「やってみよう！」因子

夢や目標、やりがいを持っていたり、それを実現させるために、学習・成長しようとしていることが幸せに寄与します。強みや自己肯定感も同様です。

何かを成し遂げると（それを思うだけでも）、ドーパミンが放出されます。夢や目標は、決して大きなものだけではありません。

変わっていても、意味がなくてもいいんです。傍から見て、「何やってるの？」と言われるようなことでもかまいません。自分がそれをしている間は夢中で楽しくて、没頭できるものであればいいのです。

そういうものにまだ出合えていない、見つかっていないという人は、**毎日「今日やること」を決め、小さな達成感を味わうのが効果的**です。

●第2因子：「ありがとう！」因子

家族や友人など、愛情に満ちた関係や、人とのつながりをつくり出すことで得られる喜びです。人を喜ばせたり、愛情や感謝、そして親切にしたいという気持ちが幸せへとつながります。

特に夏休みや冬休みなどの長期休暇は、子どもと多面的に接することができる貴重な時間ですから、有効に使えるといいですね。家族みんなで感謝し合うことから幸せの連鎖が広がります。

また、子育て中は、子どもを通してさまざまな価値観を持つ人と知り合う機会が多いと思います。なかには苦手なタイプの人もいるでしょう。そんなときには、「あの人、苦手だわ」と毛嫌いするのではなく、きっとこの出会いには意味があるんだと考え、その人の良いところを見つけてみるのです。

実際に、**友だちの数が多い人よりも、多様な友だちを持っている人の方が幸せな傾向にある**というデータもあります（前野・松本2010年研究「どのような対人関係ネットワークが主観的幸福感に寄与するか？」）。

●第3因子：「なんとかなる！」因子

楽観的で前向きでいることが、自己受容（自分のことを良い点も悪い点も好きであること）を高めます。ほかの因子が少しくらい不足していても、「まあいいか」と気楽に構えていられたり、失敗や不安を引きずらず、気持ちをすぐに切り替えることができるようになります。

実は、日本人は諸外国人に比べ、「幸せホルモン」とも呼ばれる脳内神経伝達物質（セロトニン）の分泌が少なく、幸せを感じにくい民族であるという研究があります。つまり、生まれながらにして不安を感じやすく、楽観とは真逆の性質を持つ人が多いのです。

先天的な気質は変えられませんが、**性格は、経験や習慣により、ある程度変えられ**

ます。セロトニンがあふれ出るような楽観的で前向きな自分でいれば、自然と幸せが寄ってくるのです。

いろいろと悩むことが多い子育て期ですが、**何事も楽観的にとらえ、「なんとかなる！」と自分を認め、自分自身を好きでいることが最も大切なのです。**

●第4因子：「ありのままに！」因子

他人と自分を比較することなく自分らしく振る舞う人は、そうでない人よりも幸せを感じやすいことが知られています。確固たる自分というものがしっかりとあれば、どんな場面でも自信を持ち続けられますので、他人に惑わされることなく幸せを感じられるというわけです。

一般的にアメリカ人は「人の目を気にしない傾向」が強く、日本人を含む東アジア人は「人の目を気にする傾向」が強いといわれます。もちろん、この傾向が一概に悪いとはいえません。東アジアは調和を重んじる社会ですから、秩序を保つためにはある程度、必要な要素でもあります。

あなたは人目を気にせず、自分らしく、自分のペースで過ごしていますか？

わが子を他の子どもと比べたりしていませんか？

比べてばかりいると、幸せは遠のいていきます。ほかにも、**自分の感情を客観的に味わえたらチェックする「感情味わいリスト」をつくる**のもおすすめです。

子育て中の「幸せの4つの因子」

この4つの因子を、子育て中の親御さんにあてはめてみると、次のようになります。

〈子どもも親も、より幸せになる4つの因子〉

第1因子：子育ても自分の夢も大事！　とにかく**「やってみよう！」**

第2因子：あなた（子どもや親）がいてくれて、**「ありがとう！」**

第3因子：想いどおりでなくても、**「なんとかなる！」**から大丈夫！

第4因子：**「ありのままに！」**やったんだから、失敗してもOK！

これをつねに意識していただけると、より効果を感じやすくなりますので、大きめの紙に書いて、いつも目にするところに貼っておくといいでしょう。

このように、幸せの要素はたくさんあるように思われがちですが、実はわずか4つの因子から構成されているのです。それぞれの因子がバランスよく備わっていることが、より幸せな状態ともいえます。

こんなことを書くと、「私には1つも当てはまるものがない……」と嘆く方がいらっしゃるかもしれませんが、大丈夫です。安心してください！

この4つの因子は、日々のちょっとした動作や態度、そして思考法や物事のとらえ方を変えるトレーニングによって獲得できるものなのです。

くわしいトレーニングやワークの方法については、本書の第4章でお話しします。

3

あなたの今の幸福度を計測してみよう！

幸福には4つの因子があり、それらはトレーニングすることによって獲得できる、ということをお話ししました。では、みなさんは今、どれぐらい幸せですか？

……といきなり聞かれても、うまく答えられない人の方が多いかもしれませんね。

自分の今の幸せ度を知っておくことは大事、というわけで、ここからは今すぐできる幸福度のチェックテストをご紹介していきます。

「幸せ」はつかみどころがないと思われがちですが、**実は幸福度を科学的に測定することはできます。**ぜひ、ご自分の現状の幸福度をしっかりと把握してみてください。

まずはじめに、主観的な幸福度の総合指標として、「幸福学の父」とも称されるエド・ディーナーらによる**「人生満足尺度（SWLS, the Satisfaction with Life Scale）」**を測定してみましょう。

「人生満足尺度（SWLS）」の質問

まったくそうは思わない	1
ほとんどそう思わない	2
あまりそう思わない	3
どちらとも言えない	4
少しそう思う	5
かなりそう思う	6
とてもそう思う	7

以上の7段階で回答し、5つの数値を足してください。

1. ほとんどの面で、私の人生は私の理想に近い □
2. 私の人生は、とてもすばらしい状態だ □
3. 私は自分の人生に満足している □
4. 私はこれまで、自分の人生に求める大切なものを得てきた □
5. もう一度人生をやり直せるとしても、ほとんど何も変えないだろう □

1.〜5.の合計（A） □

出典：前野隆司『幸せのメカニズム』36ページ

合計点（A）は何点でしたか？　２０１１年に、日本人１５００人を対象に行った調査の結果、度数分布は図１－３のようになりました。あなたは、どのあたりに位置していたでしょうか。

あなたの4因子の数値はどれぐらい？

次に、前述の「幸せの4因子」を導きだした16項目の質問に対して、１（まったくそう思わない）～7（とてもそう思う）で答えてみましょう。

44、45ページの質問1～4、5～8、9～12、13～16、それぞれの点数を合計したものをB～Eとし、46ページの図1－4「あなたの幸福度は？」に記入してみてください。各因子の数値が可視化されることで、あなたの幸福度の特徴について知ることができます。

図1-3 「ディーナーの人生満足尺度」のヒストグラム

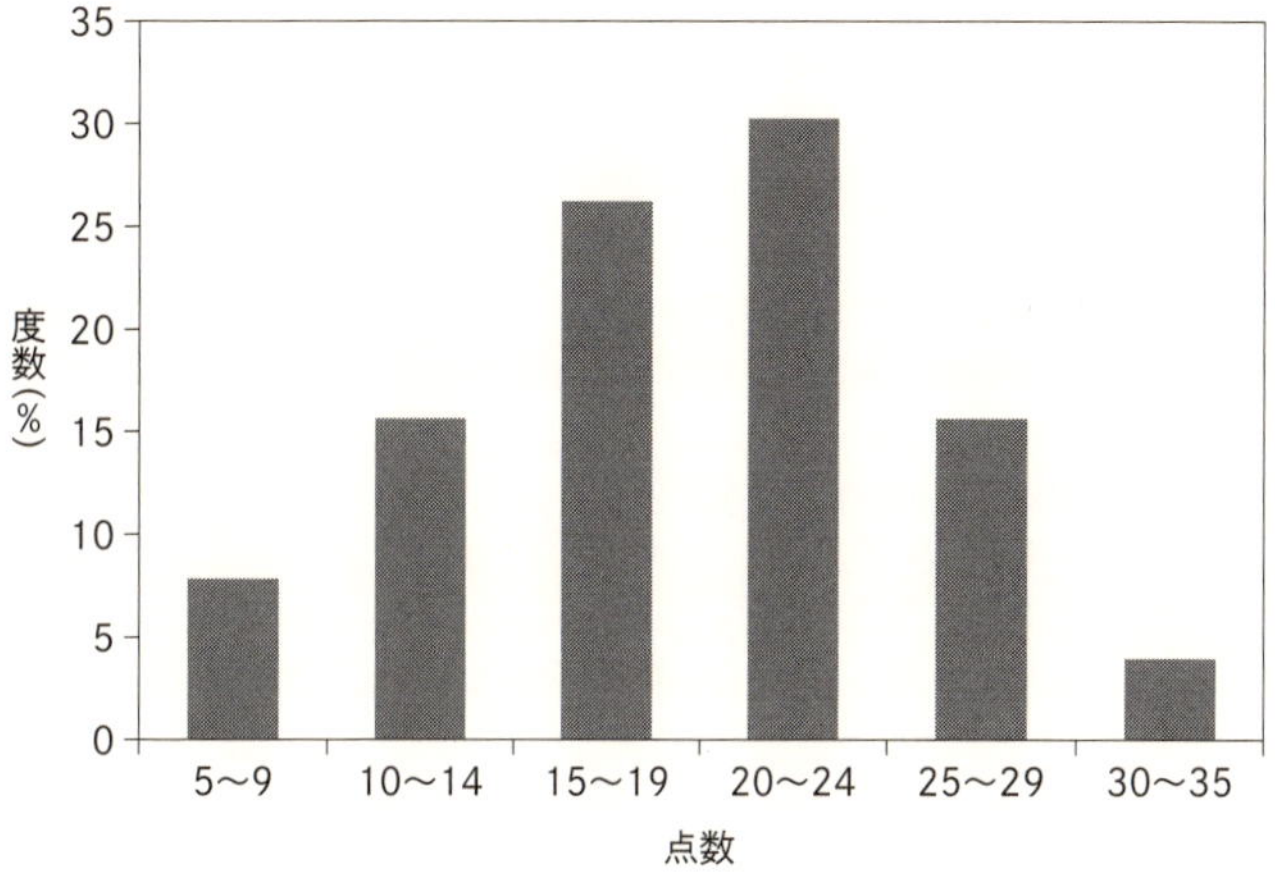

出典：前野隆司『幸せのメカニズム』37ページ

5. 人の喜ぶ顔が見たい	□	C
6. 私を大切に思ってくれる人たちがいる	□	C
7. 私は、人生において感謝することがたくさんある	□	C
8. 私は日々の生活において、他者に親切にし、手助けしたいと思っている	□	C
9. 私は物事が自分の思いどおりにいくと思う	□	D
10. 私は学校や仕事での失敗や不安な感情をあまり引きずらない	□	D
11. 私は他者との近しい関係を維持することができる	□	D
12. 私は人生で多くのことを達成してきた	□	D
13. 私は自分と他者がすることをあまり比較しない	□	E
14. 私に何ができて何ができないかは、外部の制約のせいではない	□	E
15. 自分自身についての信念はあまり変化しない	□	E
16. テレビを見るとき、チャンネルをあまり頻繁に切り替えすぎない	□	E

「幸せの4つの因子」の質問16項目

まったくそう思わない	1
ほとんどそう思わない	2
あまりそう思わない	3
どちらとも言えない	4
少しそう思う	5
かなりそう思う	6
とてもそう思う	7

以上の7段階で回答してください。

1. 私は有能である	□	B
2. 私は社会・組織の要請に応えている	□	B
3. 私のこれまでの人生は、変化、学習、成長に満ちていた	□	B
4. 今の自分は「本当になりたかった自分」である	□	B

出典：前野隆司『無意識の力を伸ばす８つの講義』107ページ

図1-4　あなたの幸福度は?

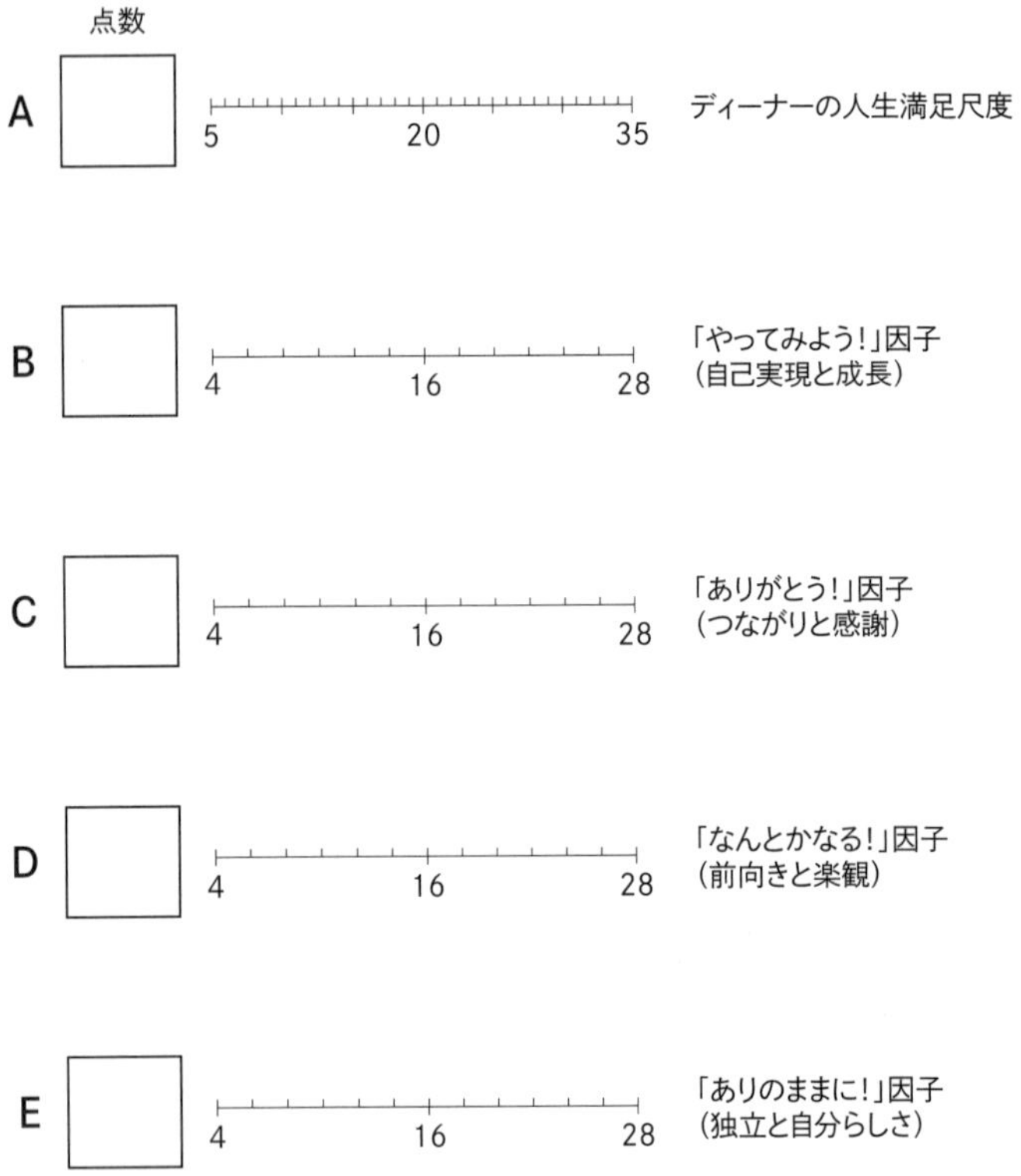

出典：前野隆司『幸せのメカニズム』120ページ

みなさんの幸福度はどれくらいでしたか？

また、どの因子の数値が高かったでしょうか。予想よりも高かったという方、逆に低かったという方もいらっしゃるかもしれませんね。

図1－4の回答欄をうめたあとで、オンラインの幸せ診断に参加した1万5028人の平均値を図1－5に載せていますので見てみてください。

D 幸せの第3因子 「なんとかなる！」	私はものごとが思いどおりにいくと思う	4.49	17.41
	私は学校や仕事での失敗や不安な感情をあまり引きずらない	3.78	
	私は他者との近しい関係を維持することができる	4.72	
	自分は人生で多くのことを達成してきた	4.42	
E 幸せの第4因子 「ありのままに！」	私は自分と他者がすることをあまり比較しない	4.01	18.99
	私に何ができて何ができないかは外部の制約のせいではない	5.22	
	自分自身についての信念はあまり変化しない	5.21	
	テレビを見るとき、チャンネルをあまり頻繁に切り替え過ぎない	4.55	

(いずれも、1 まったくそう思わない、2 ほとんどそう思わない、3 あまりそう思わない、4 どちらとも言えない、5 少しそう思う、6 かなりそう思う、7 とてもそう思うの7段階で答えてもらった平均値)

出典：http://lab.sdm.keio.ac.jp/maenolab/questionnaire_about_happiness.htm

**図1-5　オンラインカウンセリングcotreeの幸せ診断
参加者15,028人の平均値**

A 人生満足尺度 (SWLS)	ほとんどの面で、私の人生は私の理想に近い	4.47	22.53
	私の人生は、とてもすばらしい状態だ	4.61	
	私は自分の人生に満足している	4.68	
	私はこれまで、自分の人生に求める大切なものを得てきた	5.06	
	もう一度人生をやり直せるとしても、ほとんど何も変えないだろう	3.72	
B 幸せの第1因子 「やってみよう！」	私は有能である	4.32	17.85
	私は社会・組織の要請に応えている	4.35	
	私のこれまでの人生は、変化、学習、成長に満ちていた	5.09	
	今の自分は「本当になりたかった自分」である	4.09	
C 幸せの第2因子 「ありがとう！」	人の喜ぶ顔が見たい	6.07	23.80
	私を大切に思ってくれる人たちがいる	5.85	
	私は、人生において感謝することがたくさんある	6.14	
	私は日々の生活において、他者に親切にし、手助けしたいと思っている	5.74	

あなたは、幸せのどのゾーン？

では、図1－4で出されたそれぞれの点数を、図1－6の「4因子レーダーチャート」にプロットしてみましょう。図に表すことによって、4つの因子のうち、どれが高く、どれが低いかがより明確になります。

図1－7は、図1－4で導きだされた数値をもとに、幸せを5つのゾーンに分類したものです。

横軸上に第1因子と第2因子の合計①（B＋C）を、縦軸上に第3因子と第4因子の合計②（D＋E）をプロットします。次に、①でプロットした値から縦向きの線を、②でプロットした値から横向きの線を引き、両者の交点をプロットします。

さて、みなさんの交点はどのゾーンに入ったでしょうか。

図1-6　4因子レーダーチャート

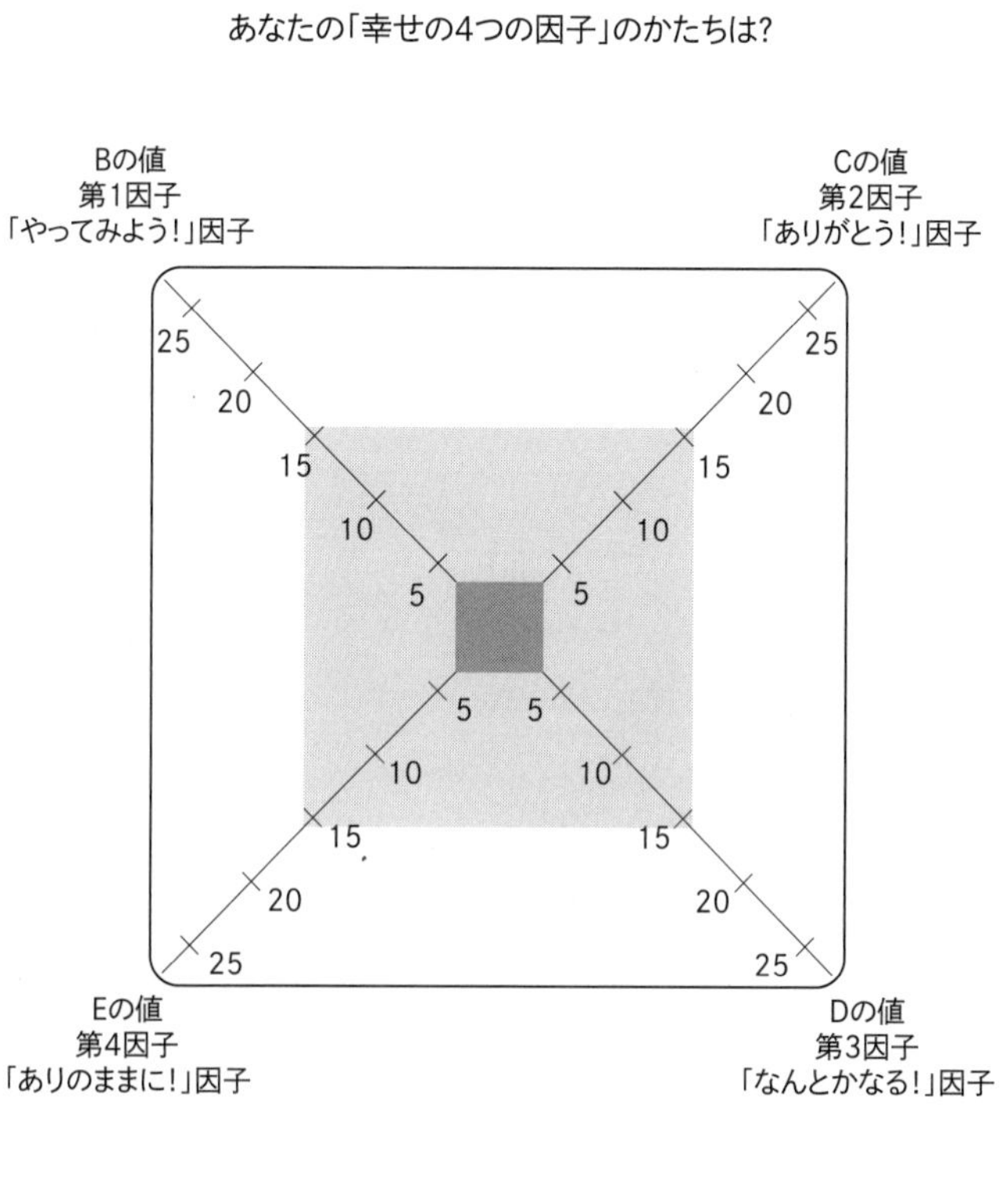

出典：前野隆司『無意識の力を伸ばす８つの講義』108ページより引用・改変

図1-7　「幸せの4つの因子」による5ゾーンの分類

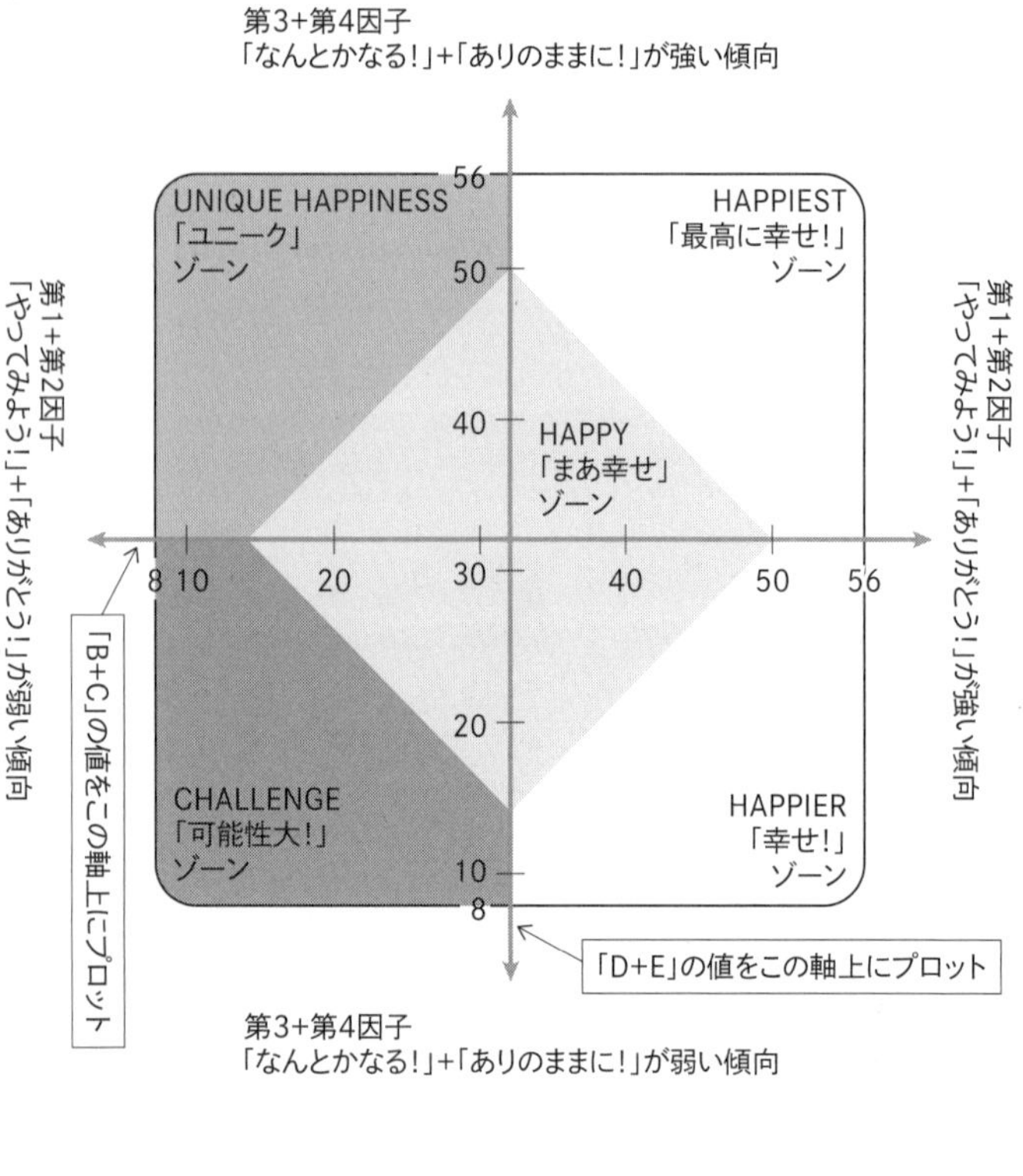

出典：前野隆司『無意識の力を伸ばす８つの講義』109ページより引用・改変

それぞれのゾーンが意味することを、簡単にご説明します（前野隆司『無意識の力を伸ばす8つの講義』より引用・改変）。

◎右上ゾーン：「最高に幸せ！」

5つのゾーンのうち最も幸せなグループ。4つの因子をさらに高めることで、幸せの達人を目指しましょう。

◎右下ゾーン：「幸せ！」

2番目に幸せ度の高いグループ。第3因子（なんとかなる！）と第4因子（ありのままに！）を高めることで、さらに幸せになるでしょう。

◎中央のひし形ゾーン：「まあ幸せ」

中くらいの幸せグループ。どの因子もまあまあで、日本人に最も多いグループです。4つの因子をまんべんなく高めれば、さらに幸せ度が高まります。

◎左上ゾーン：「ユニーク」

第3・第4因子が高いため、ユニークさはありますが、幸せ度は少し低め。第1因子（やってみよう！）と第2因子（ありがとう！）を高めることで、幸せ度が増します。

◎左下ゾーン：「可能性大！」

今は4因子とも低めですが、チャレンジ次第でどれくらい高まるか、未来の可能性にあふれたグループ。これからが楽しみです。

なお、2018年3月より、オンライン上で幸福度を調査でき、幸福度を可視化できるサービスを始めました。個人向けは無料で測定できますので、ぜひ試してみてください。

「4factors」 https://well-being-design.com/

一瞬で幸せになれる簡単な方法

ここまでで、みなさんの幸福度がどれぐらいか、おわかりになったことと思います。繰り返しになりますが、幸せは、自分の心がけ次第でいかようにもなります。**筋トレのように、日々意識し続けることで幸福度を向上させることもできる**のです。

そのトレーニング方法については、本書の後半でお伝えしますが、次のページで一瞬で幸せになれる簡単な方法をお伝えしましょう。いずれも、学術研究により、幸福度向上の効果が確かめられているものです。

どれも、今すぐはじめられる簡単なものばかりです。ぜひ今日から実践し、小さな幸せの種をどんどんまいていきましょう。

「一瞬で幸せになれる!」　実践ワーク

あなたは、次のことを心がけていますか？
チェックしてみましょう。

- [ ] 猫背にならず胸を張る
- [ ] 下よりも上を向いて過ごす
- [ ] 口角を上げる
- [ ] (作り笑いではなく)心からの笑顔で笑う
- [ ] ハグやタッチングなどのスキンシップを心がける
- [ ] 呼吸に集中してリラックスする(深呼吸をする)
- [ ] ネガティブな発言をできるだけ避ける

第2章

「幸せの4つの因子」を高める4つの行動原則

第1章では、私が研究している幸福学がどういうものか、そしてその中核をなす「幸せの4つの因子」についてお話ししてきました。

この第2章では、子育てにおいて「幸せの4つの因子」を高めるために必須となる行動原則についてお話ししていこうと思うのですが、その前に、私の印象に強く残っているエピソードをご紹介します。

【事例】「家族の幸せ」に気づいて、難関小学校受験を突破

以前、知人の運営する幼児教室からの依頼で、小学受験を控えた親子向けに、「家族の幸せ」をテーマにしたセミナーを開催したことがありました。

正直言うと、私自身は幼少期の受験にはやや懐疑的です。しかし、本質的な幸せを得るには、家族全員が信じ合い、愛し合うことが必要ですから、それをお伝えできるならばと、喜んで引き受けました。

そのセミナーでは、幸福学についての簡単なレクチャーと、本書の第4章で紹介している「家族のためのハッピーワーク」を実施しました。

「幸せの4因子」を使った夫婦間のワークでは、夫婦それぞれの夢や目標（第1因子）、感謝（第2因子）などを可視化し、シェアし合いました。そこでは、長年連れ添いながらも、お互いが知らなかった夢や想いなどが明らかになり、大変盛り上がったものです。

後半は参加者全員で、それぞれ感じたことや気づいた点などを出し合い、フィードバックし合い（第3因子・第4因子）、そして最後に、親から子どもへ手紙を書いてもらったのです。

親子とはいえ、普段はなかなか言葉にできない想いや、どれほどわが子を愛しているかが伝わってくる内容ばかりで、その手紙を読んだお子さんのなかには、感動のあまり泣いてしまった子もいたほどでした。

そのときの参加者からは、次のような感想をいただきました。

「夫婦でお互いに宛てた手紙を読み合い、とても感動しました。子どもが誕生してから、つい子ども中心の生活となっていましたが、ワークショップではお互いが相手のことをどう思っているのか、その気持ちをあらためて感じることができ、とてもうれしかったです。

このワークを体験して、**夫婦ともに幸せでないと、家族の幸せはあり得ない**のだと痛感しました」（Nファミリー妻）

「平日は仕事と勉強で忙しくしているため、子どものことは妻にまかせっきり。お互い思うことはありましたが、このワークを体験し、はじめてお互いの本当の気持ちを知ることができ、非常に感動しました。

私自身、普段はなかなか伝えられない感謝の気持ちを伝えることができました。この経験は、**私たち家族の絆をより強固なものにしてくれました**」（Sファミリー夫）

その後、驚くべきことが起こりました。なんと、この**セミナーに参加してくださったすべての家族が、難関といわれる小学校に合格された**のです。

しかも、みなさんが口々に「難関小学校に合格したのは、たまたま『受験』という共通の目標があっただけ。受験は単なる通過点であり、この先もこのセミナーでの経験を生かしたい」とおっしゃっていたのが印象に残っています。

＊

このエピソードで私がお伝えしたいのは、決して「受験に合格する／しない」という結果ではなく、**家族が幸福を感じ、心の底からお互いを信頼し合えば、どんな困難な出来事であっても乗り越えられる**のだということです。

「幸せの4つの因子」にあてはめると、「受験」という共通の目標を掲げ（第1因子）、家族のために（第2因子）、「なんとかなる」と信じて（第3因子）、のびのびやってみる（第4因子）、ということが功を奏したのでしょう。

ちなみに、後日談として、参加者の一人であった老舗テーラー経営者の隅谷彰宏さんが、本当に自分がやりたいこと、社会的に有意義なことを事業にしたいと考え、より本物を追求した「AUXCA.（桜花）」という新たなブランドを立ち上げました。

結果、業績はうなぎ上り。今では、都内一流百貨店に出店するほどなのだとか。

この事例からも、自分の夢や目標を掲げ（第1因子）、利他的で（第2因子）、自分にしかできないことを（第4因子）、怖れることなくチャレンジする（第3因子）ことこそが、成功の秘訣であると言えます。

では、「家族がみな幸福を感じ、心の底からお互いを信頼し合う」という、幸福学的に理想の状態に至るには、何が必要だと思われますか？

それは、**「夫婦間・親子間の対話」**です。

というわけで、この章では「幸せな子育て」に不可欠な「家族の対話」を中心に、

- **夫婦で共通の、子育てのビジョンを持つ**
- **ポジティブな受け取り方をする**
- **夫婦間、家族間での対話を心がける**
- **怒りの感情をうまくコントロールする**

という行動原則について、お話ししていきます。

【行動原則①】

子育てのビジョンを持つ

1

第1章でご紹介した「幸せの4つの因子」は、これまで大学や企業、一般の成人向けに活用されてきました。個人や組織の幸福度をどうしたら高められるか、ということに重きが置かれてきたわけです。

しかしながら、私の目指す世界、すなわち、約75億人が平和で幸せな暮らしを手に入れた世界を実現するためには、「幸せの4つの因子」を、これからの未来を担う子どもたちにこそ届けるべきだと思います。

私は大学で教鞭をとっていますが、それよりもさらに若い世代、ひいてはお母さんのお腹にいるときから「幸せ」のスキルを磨くことが必要だと思うのです。

「良い学校に入れれば一生安泰」という神話は崩れ去った

親になると、わが子にはできるかぎり良い人生を送らせたいという想いが生まれます。

では、どうしたらいいのか。1つの解決策として挙げられるのが、教育機関に期待することです。「できるだけ良い学校に入れておけば、あとは安泰だ」と。

しかし、大学教員としての経験からはっきり言えることは、**無理して偏差値の高い大学に行ってもまったく意味はない**、ということです。

社会で活躍するために学歴は無意味、という時代がすでに来ています。良い大学に意味がないのではなく、どの大学に行ったとしても個性を発揮してそのチャンスを生かすことが大事なのであって、良い大学に行っただけでは意味がないということです。**学歴ではなく、個人がいかに個性的ですぐれた特徴を持っているかが重要なのです。**「良い学校に行かせておけば安泰」という神話は、すでに崩れているということは、まず知っておかなければなりません。

ところが、この極めて不確実な「学歴・偏差値神話」を信じる方が今でもおられます。それを裏づけるように、少子化が進む現代でも、厳しい受験戦争は続いています。しかも日本ばかりか、中国や韓国など近隣のアジア諸国では、さらに激しい受験戦争が繰り広げられています。

良い学校に入った子どもが必ず良い人生を送れるかというと、答えはNOです。子どもを良い幼稚園、学校に入れるために壮絶な受験期を経験したことにより、親子関係や夫婦関係がもつれ、家庭が崩壊してしまうという話をよく耳にします。

世間的に見れば華々しい経歴を持つ超エリートであっても、人格形成のメインを司る家庭が不安定だったり、うまくいっていなければ意味がありません。

逆に、**家族どうしが信頼し合い、尊敬し合えている家庭で育った子どもは、しっかりとした自己が確立され、どんな幼稚園・学校に行こうとも大丈夫なのです。**

そのような人格を育むことが子育ての役割であり、それを実践する場が家庭なのです。

子育てにもビジョンが必要

しかし、残念なことに、「親」を練習することは、簡単ではありません。母親は子どもを胎内に宿している十月十日の期間で徐々に母性を確立させていきますが、それでも実践するのは子どもが誕生してから。子どもが生まれてすぐに「良い母親、良い父親」になることは不可能に近いと言っていいでしょう。

では、どうしたら「良い親」になれるのでしょうか。昔の大家族では、おじいさん、おばあさんや近所のおばさんがいろいろと教えてくれました。

核家族では、そんな知恵を授けてもらえません。そんな**現代において重要なのは、夫婦がビジョンを持つための対話を重ねること**だと思います。

家庭教育の重要性を認識し、どのように子どもを育てたいのか、そのためには何が必要なのかを夫婦で話し合い、明確なビジョンとして共通認識を持つことが、最も大切なことだと考えます。

次に大事なことは、さまざまな立場、経験を持つ人と話したり、適切な情報を得ることです。

同じような課題を抱えている方はたくさんいます。昔が大家族だったなら、現代社会にはインターネットがあります。ＳＮＳでつながることも、実社会でつながることも含めて、いろいろな人とつながって交流したり、情報を得たりすることが大切です。

【行動原則②】

ポジティブな受け取り方をする

2

子どもはかけがえのない存在です。親になると、それまでの人生では味わえなかったような素晴らしい幸せの数々が訪れます。

その一方で、子育てには思いもよらないほどハードな一面もあります。特に乳幼児期の子育ては、経験した人なら誰しも大変だったという感想をお持ちでしょう。

もちろん子どもも、一人として同じ子はいません。幼児期には夜泣きをする子もいれば、しない子もいます。かんしゃく持ちの子もいれば、そうでない子もいます。そこに優劣はなく、あるのは個性だけなのです。

他人との比較による幸せは長続きしない

しかしながら、人はすぐに比べてしまうんですね。学童期の子育てにおいても、「お隣の子は成績も良いし、聞き分けも良さそう。なぜうちの子はできないの？」とか、「あの子はもう塾へ通っているのに、うちの子はどうして行きたがらないの？」とか。

誰しも、わが子と他人の子を比較してしまったことがあるのではないでしょうか。

第1章で述べたように、**人との比較による幸せは長続きしない「地位財」型の幸せ**で、「ありのままに！」因子のところで述べたように、**人と自分（や子ども）を比べない方が長続きする幸せが得られます。**

でも、そう知っていても、ついつい比べてしまうのが人間の習性なのかもしれません。

「今日は、絶対にこれをやるぞ！」と思っていたのに、子どもの急な発熱や突発的な用事でできなかったり、子どもにこうしてほしいのに、思いどおりにならなかったり、ということはよくあると思います。

何かを達成したり、自分が思っていたとおりになったりすると、「報酬ホルモン」といわれるドーパミンが出ます。

ドーパミンは、オキシトシンやセロトニン（「愛情ホルモン」ともいわれ、「ありがとう！」因子に関係します）と並んで、幸せに影響するホルモンであるといわれています。ですから、「達成しようと思っていたのにできなかった」という状況は、人間にとって少なからずストレスになるのです。

しかも、このストレスが外側に向かうと、子どもに当たってしまったり、ひどい場合は体罰や虐待にまで発展してしまいます。特に幼児虐待は、なぜこのような状況になるまで「助けて」と言えなかったのだろうと、この類いのニュースを見聞きするたびに胸が痛みます。

ネガティブな感情は、その人自身がつくり出したもの

人それぞれ、何かしらやむを得ない環境や事情があることは重々承知の上で申しますが、実は、これら**すべてのネガティブな感情は、その人自身がつくり出しているものです。**ある1つの事象を、どう受け取るかは自分次第なのです。

ここに、水が半分入っているグラスがあるとします。ある人は「もう半分しかない」ととらえますが、別の人は「まだ半分もある」ととらえる。**その人の物の見方次第、とらえ方次第で、ポジティブにもネガティブにも受け取れる**のです。これは、育児でも同じです。

このことがさらに顕著になるのが、学校へ入学してからです。なぜなら、テストの点数や授業態度でその子の価値を決めてしまうような教員が、残念ながら少なくないからです。

偏差値や成績によって子どもたちが評価されるということが、まだまだ現実として起きているのです。この旧態依然とした考え方は一刻も早く改革すべきですが、不満を持つだけでは何も変わりません。

まずは、自分たちから変えましょう。親子のかかわり方を見つめ直し、改善できる部分に注力しましょう。

この本には、親と子のそれぞれがほんの少し物の見方や考え方を変えるだけで、楽しく豊かな毎日をデザインできるヒントを散りばめています。

はじめからすべてを変えるのは難しいかもしれませんが、できるところから少しずつトライしてみてください。あなたの見る世界、取り巻く世界が徐々に変化していくことを感じられるでしょう。

column 1

母親の視点から①（前野マドカ）
子どもたちもストレスと戦っている

わが家の娘は今まさに思春期真っ最中で、朝起きてから、いきなり不機嫌。彼女をひと言で表すと「不機嫌な女子高生」です。

とはいえ、私も幸福学の研究をしてきましたから、自分なりにこれまで学んできたことを活かしながら、日々、思春期の娘との向き合い方を模索しています。そんな毎日の中から、何となくわかってきたことがありますので、ぜひシェアさせてください。

思春期の子どもは、親の想像以上に外の世界でがんばっています。勉強や部活、友だちづき合いなどで疲れきって帰宅するので、ものすごくストレスフルな状態なのは当然です。親はもちろん、本人でさえもそのストレスが見えていないので、なかなかそれに気づきません。

そこであるとき、どうしたら娘がご機嫌になれるかな、と考えたんです。娘の場合は、彼女の好きなスイーツの話や、大切にしているモノの話題をふると、ふっとご機嫌になる瞬間があり、「これだ！」と思いました。

それからは、娘がストレスフルな状態だなとわかると、娘の好きなモノの話題を持ち出すように心がけました。その結果、少しずつ「ご機嫌な女子高生」の時間が増えるようになったのです。


とはいえ、時にはものすごくひどい言い方をされることもあります。そんなとき私は、「なんでそんなひどい言い方をされなくちゃいけないの？」とつけ加え、娘に言われたことを同じように言い返してみせます。このとき大切なことは、こちらも同じように怒った感じで返すのではなく、冷静に同じ言い方をしてみるのです。

「どうしたの？」と聞くのではなく、自分が発した言葉を再確認できるようなコミュニケーションをすると、本人は「あ、そんなキツイ言い方をしていたんだ」と気づくことができますし、「そんなつもりはなかった、ごめんなさい」と素直に謝ることもできます。

子どもは日々のことでいっぱいいっぱいになってしまっているから、親にキツい言い方をしてしまうのです。そう言われたときは、つい親の方もカッときてしまいがちですが、それを受け止められるような心の余裕をいつも持っているのが理想ですね。

繰り返しになりますが、子どもたちは一歩家から外に出たら、この社会の中で必要とされ、存在価値をつくりたいと、めいっぱいがんばっています。

家に帰ってから不機嫌なのは、親に甘えているんです。かわいいですよね。

ですから家に帰ってきたときは、どんなに不機嫌でも「ああ、がんばってるんだな。だからこういうふうになるんだな」とそれを受け止められたらいいですね。

それは、高校生だけでなく、小学生も中学生も同じ。子どもたちはどの子もみな、それぞれの社会の中でがんばっているんです。

【行動原則③】

家族との「対話」の時間を持つ

3

私は、人との関係性を築くために何より重要なことは「対話」だと考えます。当然、**夫婦間や親子間においても、お互いを理解し信頼関係を深めるために、対話が非常に重要な役割を担います。**

子どもは「私の話を聴いて！」「僕のことをしっかりと見て！」と、全身でアピールしてきます。親の側のコンディションがよく、心の余裕があるときには、子どもにしっかりと向き合うことができるでしょう。

しかし、家事で忙しかったり、何かに追われていたり、心配ごとがあると、つい片手間に話を聞いたり、スマートフォン片手に「うんうん」と適当に相づちを打ったりしてしまいます。

休日に自宅でくつろぐお父さんもそうですね。疲れているのはわかりますが、ソファにだらりと座り、何やら熱心にスマートフォンに見入っていることはありませんか？

子どもの心は敏感です。こんなとき、「今、お母さん（お父さん）の心はここにないな」と簡単に見破ります。

子どもは大人よりもはるかに純粋です。感性がすぐれています。だから、親に限らず、身近にいる大人の様子をよく観察していますし、模倣します。

「親は子の鏡、子は親の鏡」とはよく言ったもので、多くの問題の原因はこのような日常の何気ないやり取りの中に潜んでいます。だから、**まず「傾聴」が重要なのです。**

「傾聴」することからはじめよう

「傾聴なんて難しいのでは？」と思われる方もいらっしゃると思いますが、実はとてもシンプルです。

傾聴とは、文字どおり「耳を傾け、相手の話を注意深く聴く」ことです。心からの興味と好奇心を持って、批判家精神は封印することが重要です。
相手の話の意図をそらすことなく、最後までしっかりと受け止める。これは、親子間だけでなく、パートナー、家族や友人との間、ビジネスシーンでも使えるスキルです。

「聴く」という行為は、一見、受動的な行為に見えますが、実は非常に能動的です。聴き方ひとつで、相手を幸せな気持ちにもできますし、暗い気持ちにもできるのですから。

話し手の世界に聴き手がお邪魔して、その人がどんな世界で生きているのかを知り、何に価値を置いているのかを理解する——そんなイメージです。

子どもの話を傾聴する場合は、真剣さのみならず、**興味深げに、面白がって聴くことが大切です。**

「へー、そんなことしたんだ！　どうしてしたの？　素敵なことをしたんだね」とか、

「それはすごいねえ！　どこで見つけたの？」など。

目を丸くして子どもの話を堪能し満喫する、子どものような心が大事です。

もし、何か悪いことや間違ったことをしてしまった場合でも（命の危険がある場合は別ですが）、ネガティブワードはひと言も言わず乗り切れるといいですね。

「そういうふうにしたんだね。次は、こうするともっといいかもね」という具合です（「ＳＴＯＰネガティブワード」ワーク［２３７ページ］参照）。

もちろん、子どもの個性はさまざまですから、あまり話さない無口な子もいると思います。

そういうタイプの場合には、無理に話をさせたり、聞き出したりする必要はありません。こちらから自然体で話しかけてもいいですし、子どもが話しはじめるまで待っているのもひとつの手です。

コミュニケーションの手段は、言葉だけではありません。表情や振る舞いなど、あなたと相手の行動のすべてがコミュニケーションです。無口な人どうしは、一緒にいるだけでもボディコミュニケーションになります。近年は欧米型の雄弁なコミュニケーションが推奨されがちですが、だまって一緒にいるだけでもいいではないですか。

ポイントは、**とにかく子どもをよく見ることです。**外見を見るのではなく、感性で。どんな感じなのか。どう感じているのか。その子は話したがっているのか、一人にしてほしいのか。

一人にしてほしいのならば、そのままそっとしておくことも愛ですね。その際は、「あとで話そうね」とひと言添えたり、ニコッと笑ってその場を去ったり。

そのとき大切なのは、**心はともにいること。愛だけは伝えて、ほったらかしに見えるくらいに遠くから見守ること**なのです。

本当の対話とは、寄り添い、ともにいること

今、ビジネスや政治の世界でも対話の重要性が見直されつつあります。集団的動物

であり、人の間に生きる人間にとって、**対話こそがすべての基本であり、平和的解決法であると断言してもよいでしょう。**

対話についてのくわしい話は、拙著『無意識と対話する方法――あなたと世界の難問を解決に導く「ダイアローグ」のすごい力』（ワニブックス、2017年）に記しましたので、ご興味のある方はぜひそちらも読んでみてください。対話についてより深く知ることができると思います。

しばしば、対話（ダイアローグ）と議論（ディベート）が比較されますが、対話と議論は似て非なるもの。議論には「勝ち負け」や「優勢・劣勢」などのジャッジメントが伴います。一方、対話にはそういった判断や勝敗はいっさい必要ありません。

ディベートやディスカッションは、合意をつくり出したり、勝者を決めることをゴールとしていますが、**対話は、相互理解を深めること、内なる自分に気づくこと、新たな気づきやアイデアを得ることをゴールとしています。**

デヴィッド・ボーム氏の『ダイアローグ――対立から共生へ、議論から対話へ』

（英治出版、２００７年）では、対話をこう定義しています。

> 対話の目的は、物事の分析ではなく、議論に勝つことでも意見を交換することでもない。
> いわば、あなたの意見を目の前に掲げて、それを見ることなのである。

これはビジネスシーンのみならず、家庭、つまり子どもや夫（妻）に対しても同じです。**対話とは、寄り添い、ともにいることです。**

「対話をしなければ！」と気負う必要はありません。ただ、自分の頭に浮かんだことを、フィルターをかけずに話せばいい。聞き手は、それについて判断も批判もすることなく受け入れればいいのです。

対話の4つのポイント

対話のポイントは、**①聴く**（listening）、**②尊重する**（respecting）、**③保留する**（suspending）、**④声に出す**（voicing）の4つです（出典元：Bohm［1996］とIsaacs［1999］に基づく対話の概念）。

これらを意識しながら、お互いの理解を深めようというオープンマインドな姿勢でのぞみます。

また、子どもも大人も、人はほめられることによって自己肯定感が養われ、大きな成長を遂げられます。ですから、子どもだけではなく、夫（妻）に対しても**「すごいね」「うれしい！」「あなたがいてくれるから、○○できる」**という気持ちを素直に伝えましょう。

せっかく75億分の1の確率で出会ったパートナーですから、お互いが寄り添い合い、ともにいることが、真のパートナーシップにつながるのではないでしょうか。

図2-1　対話の4つのポイント

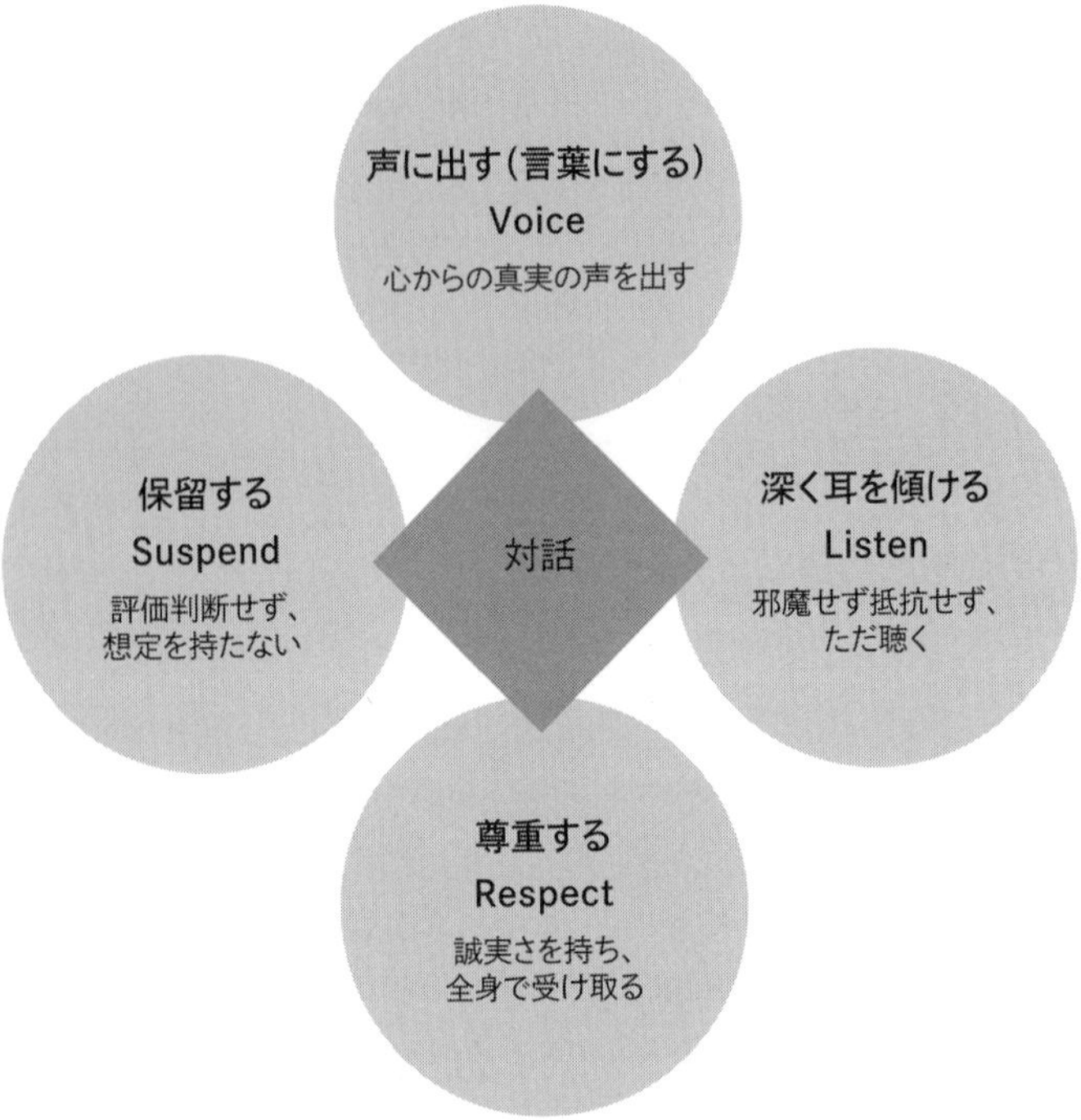

出典元：Bohm（1996）とIsaacs（1999）に基づく対話の概念
出典：『対話（ダイアローグ）とデザイン思考を用いた人材育成・コミュニティ形成・事業創造 －OIC(Obuse Incubation Camp) ／ OIS(Obuse Innovation School)の試み－』
中村[1]・保井[2]・菊野[1]・林[1]・前野[2]
[1] 慶應義塾大学大学院システムデザイン・マネジメント研究科附属 SDM 研究所
[2] 慶應義塾大学大学院システムデザイン・マネジメント研究科

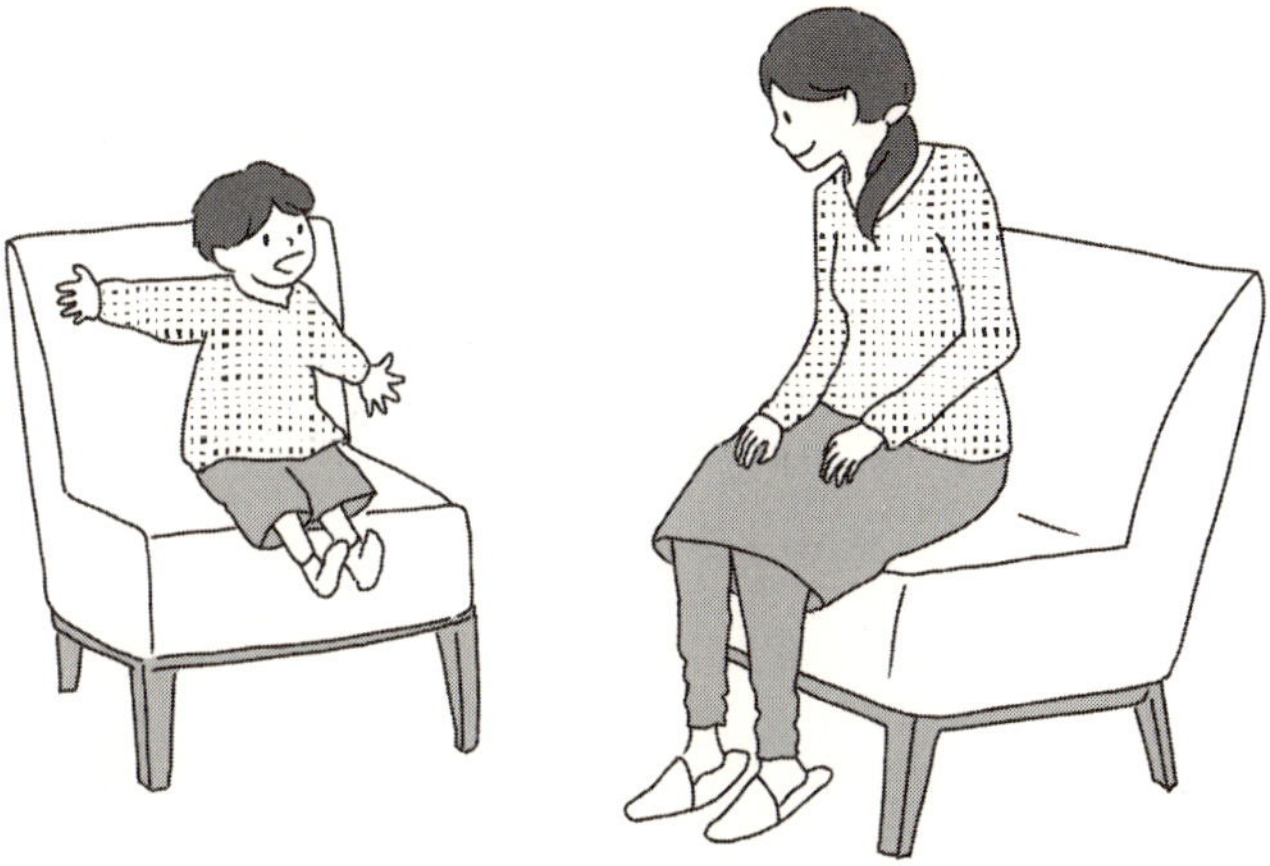

ただし、「一番になったからすごいね」という他人との比較によるほめ方よりも、**「よくがんばったね」というエンカレッジ（励まし、勇気づけ）の方が、人の成長や幸福のために有効である**といわれています。結果をほめるより、経過をエンカレッジしましょう。

ほめることが見つからないときにも有効な、素敵な言葉があります。**「あなたがいてくれてよかった」**です。

これなら、いつでもどこでも言えます。ぜひ心を込めて、「あなたがいてくれてよかった」から始まる対話をしてみてください。

対話が自己受容、自己肯定感につながる

私が本書でお伝えしたいことの1つは、夫婦間でも親子間でも、とにかく対話してほしいということです。

「どうして○○しなかったの!?」というような問い詰めや議論にならないように気をつけてくださいね。基本は、ゆったりとした、おだやかな心です。

おだやかな対話を通して自己開示し合い、それぞれの理解を深めていく。それさえできていれば、多少の波風があったとしても大丈夫です。信頼できる相手がいると思うことで、物事は解決へと向かっていくのです。

また、自分以外の誰かと話すことで、自分自身の課題や、課題に対する解決策が見つかります。自分ひとりで悩んでいると、自分の課題や悩みに凝り固まってしまいがち。新しいアイデアやイノベーションが起こりづらくなります。

誰かに話すと、多様な人たちが多様な経験を通して、たくさんのアドバイスをくれます。その結果、新しいアイデアが見つかるのです。

それは、**同時に、自分を受け入れ（自己受容）、自己肯定感を取り戻すことにつながります。**なぜなら、問題を自分が解決したことは、同時に、新たな自分の強みに気づくことでもあるからです。

自分の強みに気づけば、自分を前よりも好きになれますよね。まさに自己受容です。

私たちの生きるこの社会は、「自分」と「自分以外の他者」で構成されています。だから、**幸せの要因は、自分を好きになることと、相手を好きになること。この2つだけです。**

自分のことを好きになると、何かをやってみようと思え（「やってみよう！」因子）、困難にもなんとかなると思え（「なんとかなる！」因子）、自分らしく生き生きと生きられます（「ありのままに！」因子）。相手のことを好きになることは、利他性や感謝と関係しますから、「ありがとう！」因子につながります。

自分を愛し、自分以外の人たちを愛することができれば、誰もがみな、幸せになれます。そして、自分以外の人が、身近な人から、世界中の生きとし生けるものにまで拡大すると、世界平和につながるのです。

【行動原則④】

怒りをコントロールする

4

みなさんは、どんなときに子どものことを怒りますか？

「怒り」という感情は、もともと原始人が生き延びるためにあったものです。たとえば、熊が襲ってきたときなどに「わーーーっ!!」と威嚇するなど、命の危険のあるときに使われる感情でした。

翻って現代はどうでしょう。子どもがちょっとしたいたずらをしたとか、泥だらけになってしまったとか、その程度で怒る方がいますが、こういう方は「怒り」の感情の使い方を間違えているのではないでしょうか。

子育てにおいての「怒り」の感情は、命やケガなどの危険があるとき以外は、できるだけ使わない方がお互いにとっていいと思いませんか。子どもの行動を受けて、反射的に「怒り」の感情に変換してしまうのではなく、**まずは一呼吸置いてから「面白がる」という練習をしてみましょう。**

たとえば、こんな感じです。

これから出かけるというのに、目の前には泥だらけになった子どもがいる。
みなさんは、どのような言葉をかけますか？

ここで、「なんでそんなことになるの!!」と声を荒らげるのではなく、一息深呼吸してから「あら、泥んこになっちゃったのね。楽しかった？」と言う。
あるいは、泥だらけになったわが子の姿に大笑いして楽しむ。

こうして文字にしてみるとよくわかります。言う方も言われる方も、怒らないやり方の方が気持ちいいと思いませんか。

前者は、子どもが泥だらけになったくらいで、「死」の危険を感じたときと同じ「怒り」の感情が出ている。本能を間違って使ってしまっていますね。

もちろん、子どもの命が本当に危ないときは、「やめなさい！」ときっぱり伝える必要があります。けれどもそんな状況は、頻繁には発生しません。

日常的に起こりうるほとんどのケースでは、「怒り」という感情を出さなくても、十分に伝わるはずなのです。

column
2

母親の視点から②（前野マドカ）
すべての会話をポジティブに！

いま、私は幸せの研究をしている夫とともに、「well-being プログラム」というワークショップを開催しています。そのなかに、「あなたの良いところを3つ書いてください」というワークがあります。「やってみよう！」因子や「ありのままに！」因子に関連したワークです。

ところが、やってみると、自分の長所をすんなり書けない大人がとても多いことに驚きます。

傍から見たら、「あなたには良いところがたくさんあるのに！」と思うのですが、自分では自信がなくて書けないのです。これはつまり、大人になっても自己肯定感の低い人が多い、ということを表しています。

それはなぜでしょう。私は、日本にはほめられる習慣があまりないことが原因の1つではないかと思うんです。アメリカでは、何はともあれほめます。それも、ときどきではなくつねにほめる。これは見習うべき文化ではないでしょうか。

わが家には2人の子どもがいます。男の子と女の子です。今はもう大学生と高校生ですが、子どもたちが幼児のころ、夫の留学のため、家族で渡米し、しばらく暮らしました。

結婚後、専業主婦として子どもたちを育てることを一番の仕事としていた私にとって、夫の留学先であるマサチューセッツに滞在した経験が、その後の子育てに大きく影響しています。

子育て期は、子どもの人格形成においてとても大切な時期なのに、母親は育てることでいっぱいいっぱいです。「あなたは私の大切な子どもよ」とか「愛しているよ」といった声かけをあまりしないように思います。一方、欧米の人たちは、子どもたちへの愛情表現もさることながら、ほめることがとてもうまいと感じます。

坂道で転んだ子に「Good job!」

アメリカに滞在していたころに体験した、面白いエピソードがあります。

近所の子どもが坂道を走っていました。日本だと「転ぶと危ないから走っちゃダメよ！」と言いがちですが、アメリカ人のその子の親は「ここは坂道だから気をつけて」とだけアドバイスします。

そして転んでしまったら、何と声かけすると思いますか？「ほら、言ったじゃない」ではなくて、

「Good job!」

とだけ言うのです。「転んじゃったけど良い経験したね」というニュアンスの言葉を伝えるので、子どもはどんなことをしても失敗をおそれなくなりますよね。

また、こんなこともありました。

日本からアメリカへ来た友人のお子さんは、幼いころから野球チームに所属していたので、アメリカでもリトルリーグに入りました。日本の野球チームでは、失敗すると監督にさんざん怒られていましたから、彼はアメリカでもおそるおそるバットを振っていたといいます。

そんなある日、試合で三振してしまい、監督からどんなに怒られるだろうとびくびくしていたら、監督は彼に

「Nice try!」

と言ったそうです。

この違い。素敵ですよね。国が違うだけで、これだけ違います。

同じことをしていても、日々のストレスが違うし、モチベーションも違います。成功しても、失敗したとしても、ナイストライ、ナイスチャレンジ、グッジョブと言ってもらえる環境ならば、子どもは勇気をもらえるし、失敗してもすぐに気分を変え、次にがんばろうと思えるのです。

「なんとかなる！」因子（前向きと楽観）ですね。

これは、子育て全般にも言えることです。子どもへの日々の声かけは、子どもの自己肯定感を左右するものだということを痛感します。文化の差と言ってしまえばそのとおりですが、子どもの成長において非常に重要だと思い、わが家の子育てでも意識して取り入れてきました。

ぜひ、みなさんも、今からやってみてください。

私が子どもたちに実践してきたことの1つに、ネガティブなワードを使うことなく、すべての会話をポジティブワードで成立させる、というものがあります。

たとえば注意したいときも、

「○○はよくできたよね。△△だともっといいね」

といった具合です。子どもがやったことはしっかりと認めてあげて、「でも」ここは……、とネガティブ表現をするのではなく、そのうえで、「さらに」こうするといいね、という言い方をするのがポイントです（くわしくは、237ページの「STOPネガティブワード」を参照）。

親から愛されているとか誰かから必要とされているとか、自分を信じてくれている人がいると思っている人や、そう育ってきた人は、その先の人生で困難があってもちゃんと自分の力で乗り越えられる心の筋肉が鍛えられていくんです。

第3章

悩みが消えて
心がラクになる
Q&A
「幸福学」的に
幸せな子育て

ここまでは、親自身のマインドセットや、子どもや他者への幸福学的アプローチについてお話ししてきました。

ここからは、これまで私が研究してきた幸福学や対話、そしてシステム×デザイン思考のエッセンスを取り入れながら、多くの親御さんが持つ悩みについて触れていこうと思います。

「実際にこんなことに悩んでいる！」といった読者のみなさんからの声も聞こえてきますので、この章では実際に寄せられたお悩みに対して、幸福学の立場から私なりの回答をしたいと思います。

子どもとの関係・友だちとの関係編

1

娘が学校へ行きたがらない

Q

小学3年生の娘は、GW明けごろから学校に行きたくないと言い出し、夏休み後にはまったく行かなくなりました。

学校の先生やママ友にも相談していますが、なかなか最善策が見つかりません。どうすればよいのでしょうか。

A

時には、子どもと一緒にサボリましょう!

なんとかなる! ありのままに!

今も昔も、子どもが学校へ行きたがらないという話はよく耳にします。なぜ子どもは学校へ行きたくないのでしょうか。その内なる原因について考えたことはありますか？

親の方が勝手に、「この子は、こういう理由で学校に行きたくないんだ」と思っているだけで、意外と原因は違うところにあるのかもしれません。

たとえば、親は「きっと、いじめられたから学校に行きたくないんだ」と解釈しているとします。しかし、実際に子どもが「行きたくない」と感じている原因は、「毎日忙しくしているお母さんともっと触れ合いたい」なのかもしれません。あるいは、何かやりたいことを探しているのかもしれません。

たとえ親であっても、子どもの内なる声には気がつかない場合が多々あります。内なる声だけに、子ども自身も気づいていないことも少なくありません。だから難しいのです。

内なる声とは、無意識の声です。本人も気づいていないのだから、ただ「なぜ？」

と聞いても、すぐにはわからないでしょう。ですから、「こうだから」と短絡的に決めつけるのではなく、**対話を通して子どもの心の底の本音を引き出すことからはじめる必要がある**のです。

ここで重要なことは、子どもは**学校へ行けないのではなく、(内なる自らの意志で)行かないことを選んでいる**ということです。まずは、「学校へ行かせなくてはいけない」という思い込みを手放してみましょう。

「なぜ行かないの?」と責めても無駄です。そういうときには、無理に詮索するよりも、「ああ、行かないんだなあ」とただ事実を受け入れてみましょう。**ありのままに。**

もちろん、そう簡単には思えないかもしれません。親だって人間ですから。「どうしてうちの子だけ?」と思ったり、焦ったり悩んだりするかもしれません。

でも、それでいいんです。

人生100年時代、たった1年や2年学校に行かなかったことなんて、大したことではありません。大人になって振り返ると些細なことです。

子どもの人生を長いスパンでとらえ、「何らかの理由で必要だから、こうしているんだ」と子どもを信じてみましょう。

これらを前提とすると、親のできることは、**子どもの話を聞く環境をつくることと、気分転換させること**です。もちろん、話したくない子に無理矢理聞く必要はありませんし、親の顔も見たくないという子には、顔を見せなくてもいいよと伝えて、そっとしておく。

もし、親と一緒にどこかに行くことで気分転換できるのなら、海や山など、自然に触れにいくのもいいですし、行きたくない子は行かなくてもいい。それぞれ違います。

「ああ、なるほど。この子はこういう生き方なのか」と開き直って信じると、少しずつ子どもは変わってきます。つまり**親のあり方が変わると、子どものあり方も少しずつ変化してくる**のです。「相手を変えたければ、まず自分が変われ」です。

過去に引きこもった経験のある人たちの多くが、誰にも会わない生活を1年くらい続けていると、さすがに飽きて、昼間に人と会いたいと思うようになったといいます。

家にいるのは悪いことだと自分を責めるようになると、長引いてしまいます。逆に、「ありのまま」を受け入れ、ある程度の時間を過ごすと、「生きる力」が戻ってくるのではないでしょうか。

学校に行かないのは悪いことではなく、人とは違う経験ができてよかったんだ、そう思える日がいつか来ると信じましょう。何より、このような経験をした人は、間違いなく強く魅力的で、他人の苦しみがわかる人になるのですから。

おすすめ
トレーニング法

「傾聴・対話トレーニング」（223ページ）
「ポジティブになるワーク」（233ページ）

column

3

そろそろ、「引きこもり」という言葉をやめませんか？

そもそも「引きこもり」とは、学校に行けないのではなく、自主的に学校に行かないことを選んでいるのです。引きこもっているのではなく、自主的に家にいるだけ。つまり、「在宅活動」なのです。

社会では「在宅勤務」が推奨されつつあるのに、なぜ子どもが在宅活動をしてはいけないのでしょうか。

以前、分身ロボット「OriHime」というロボットを開発した吉藤健太朗さん（オリィさん）と対談させていただく機会がありました。吉藤さんは、小学5年くらいから不登校になったそうです。家から出られず、何日もベッドの上で天井を見つめる日々。生きる気力もなく、言葉も忘れかけたといいます。

そんなつらい日々が続いたある日、お母さまの「ロボットに興味ある？」という言葉が、当時12歳だった吉藤さんの人生をガラリと変えました。

吉藤さんは、幼いころから折り紙が得意で、創作折り紙まで考えるほどだったとか。お母さまは、そんな息子を見て、この子ならロボットを作れるのではないか、と思ったそうです。

その予想は見事に的中。吉藤さんは、その才能を開花させ、初参加のロボットコンテストで見事、優勝し、13歳からロボット作りに夢中になりました。

さらには、そのときに出会ったロボット研究者のもとで勉強したいという強い想いから、必死に勉強して、見事志望する高校に合格。高校時代は始発から終電まで、ひたすらロボット作りに打ち込んだそうです。

吉藤さんは、自らの使命を「孤独を解消すること」と決め、ロボットを通して少しでも多くの孤独を解消したいと、学生時代は研究に没頭。早稲田大学在学中に、自ら研究室を開設し、そのまま株式会社へ移行したのです。

吉藤さんの開発した分身ロボット「OriHime」は、遠隔操作で分身ロボットを動かし、会話までできるという画期的なアイデアと技術で、注目を浴びています。たとえば、下半身不随でベッドでの生活を余儀なくされている人が、分身ロボットを駆使しながら仕事を遂行したり、動いて会話をすることもできます。

学校に行けない子どもが、自分の代わりにロボットを学校へ行かせ、ロボットを通して勉強したり友だちと会話をすることもできるのです。学校生活を疑似体験するうちに、いつの間にか学校に行きたくなり、やがて登校できるようになった、という事例もあるそうです。

さらには、自宅から出かけられないお年寄りが、ロボットを通して、孫と旅行することもできる。なんだか、想像するだけでも胸が熱くなりますね。

吉藤さんは、ロボットという、自分が一生をかけて取り組むことに出合ったことで、人生そのものが正のスパイラルとなり、どんどん上昇し続けていると言います。

人は「これだ！」と思うものさえ見つかれば、たとえ学校へ行っていなかったとしても、その後の人生はいくらでも取り返しがつくのです。

反抗期・思春期の子どもとの向き合い方がわからない

Q

中学に入ったとたん、私の言うことに対してすべて反抗するようになった息子。父親とは口も利きません。

小学生までは素直で、何でも話してくれる子だったのに……。もう、どう接していいかわかりません。

A

寂しくても、少し距離を置くのも親の愛です！

なんとかなる！

思春期や反抗期に入り、いつも何かにイライラしているわが子……。この時期の親御さんの悩みは尽きませんよね。

先ほどの「引きこもり」と同様、「思春期」「反抗期」も言葉がよくないですよね。

たとえば、「一人前になるための脱皮の時期」とか、「大人になるための練習期間」と呼んでみてはいかがでしょう。

個人差はありますが、子どもたちはみな、大人になるために必要な、たくさんの葛藤やつまずき、ケンカ、暴言などをこの時期に経験します。そして、そこから学びます。つまり、この時期は**親から離れて大人になるための練習期間**なのです。

この時期は、母親はおせっかいな親の役目、父親は「好きにやったら？ 自分の人生だから」と、距離を置くけれど愛は注ぐ役目をしてみてはいかがでしょう。

もちろん、役割が逆でも、違う役割でもかまいません。**それぞれが役割分担しながら、子どもを見守る環境をつくるのが理想**です。

わが家の場合は、息子が中学生くらいのころに「死ね」という言葉を家で使いはじめたことがありました。戦闘ゲームのキャラクターに向かって言っていたのです。きっと友だちの間で使っていたんでしょうね。

妻はひどく驚いて、「そんな言葉、使っちゃいけません！」と怒っていました。

そこで私は息子に、「本当に『死ね』と思って使っているの?」と聞いてみました。すると「まさか。そうじゃない」と言います。みんなが使っている流行り言葉くらいの軽い気持ちだったんでしょう。

「じゃあ、友だちの間で使うのはいいけれど、家で使うのはお母さんがショックを受けてかわいそうだから、やめた方がいいんじゃない?」と伝えました。それ以来、息子の口から「死ね」という言葉は聞いていません。

これは私の経験上ですが、父親は、子どもと接する時間が短くなりがちなら、大切なことを端的に伝える役に徹するのがいいように思います。くどくどとお説教する必要はありませんし、それは逆効果だったりもするのです。

子どもは生まれながらに、1つの人格をもった存在であり、親の所有物ではありません。

つねに、相手(ここでは子ども)の気持ちをよく考え、彼ら・彼女たちの領域に入り込みすぎることなく接したいですね。

子どもに限らず、人との距離感はなんとなくわかるものですから、**お互いにとってちょうどいい距離感を保つことが大切です。**

信じていれば、なんとかなる！

おすすめトレーニング法

「傾聴・対話トレーニング」（223ページ）
「家族のためのハッピーワーク」（246ページ）
「ありのままに受け入れる練習」（242ページ）

column

4

思春期あるある①　何に対しても無気力

子どもが反抗的な態度をとるケースと同じくらいの割合で悩むのが、子どもの「無気力」ではないでしょうか。

想像してみてください。少し前まで純粋で元気だった子どもが、突然、無気力になり、親子の会話もなくなることを。理由を聞いても答えてくれないし、親としては焦ってしまいますよね。

実はかく言う私も、中学・高校のころは無気力な子どもでした。

広島弁で、面倒くさいということを「たいぎー」と言うのですが、当時はいつも、「たいぎー、たいぎー」と言っていたのを思い出します。

不満があったわけではありません。ただ、何もしたくなかったんです。今の私はまったく無気力ではないので、考えてみたら、いつのまにか解消していたのです。

だから、なんとかなる!

無気力なときは無気力なんだから、しかたがありません。親はあまり干渉しないで、無気力でいることには意味があるんだな、と受け止めてあげましょう。

「引きこもり」あらため「在宅活動」と同様、この行動にはどんな良い意味があるんだろうと考えることが大切です。

傍から見れば無気力のように見えるけれど、実は本当にやりたいことを無意識のうちに探しているだけかもしれません。あるいは、世の中を批判的に見る練習をしているのかもしれない。

もしかしたら心の病で、たとえば鬱の症状が出ているのかもしれません。様子をよく観察して見極めること、それが親のすべきことです。病的かもと思ったら、医師やカウンセラーに相談すべきでしょう。

そうでないならば、大人になるための練習中と考えましょう。無気力や暴言なども含めて、あらゆることが練習です。子どもは練習しながら、自分はどうするのが一番良いのかを試しているのだととらえてください。

おすすめ
トレーニング法

「自己受容、自己肯定感アップトレーニング」（252ページ）
「ありのままに受け入れる練習」（242ページ）

友だちとの関係がうまくいかない。親が介入してもいい？

Q　小学校高学年になり、お友だちとのトラブルが頻発するようになりました。そのうち、いじめに発展するのではないかとヒヤヒヤしています。こんなとき、親が介入してもいいのでしょうか？

A　介入してもOK。ただ、感情的にならず、平等な立場で！

子どもどうしのトラブルがある場合、親が判断したり介入したりする前に、なぜ問題が起きているのか、なぜ争っているのかを聞いてみましょう。

誰が悪い、といきなりレッテルを貼るのはよくありません。みんなそれぞれ言い分があるはずです。相手の言葉もきちんと聞いて、問題の全体像を把握し、誰か一人が悪いんじゃないということがわかるといいですね。

ありのままに！　ありがとう！

親が介入する必要があると判断した場合には、**親は平等かつオープンな立場で参加する、というスタンスが重要**です。一方的に人を判断したり、わが子を守るという立場ではなく、平等な立場や相手の側に立つべきなのです。

「うちの子は悪くありません」と、親が権力としてかかわるのではなく、社会の一員として、子どもたちに社会とはこういうものだ、と伝えることが基本です。

もちろん、子どもたちだけで解決した方がいい場合も多々あります。そのような場合には、**子どもたちを信じて待つことが大切です。**しかし、自分たちは相手の立場に立てたとしても、ほかの家庭（親）はそうできないケースもあります。ですから、親どうしがかかわる必要が出た場合は、できるだけ対話を心がけましょう。

そして、**何よりも心がけるべきことは、親が冷静でいることです。**子どもどうしがケンカしているのに、親どうしもケンカしては元も子もありません。親どうしの仲が良ければ、絶対にその問題は解決できるのです。なんとかなる！

私の周りにも、問題ある言動をする親御さんはいます。

そういう親御さんたちとかかわらなければならない場合は、その人に敵対するのではなく、「確かにあなたの気持ちもわかりますよ」と、共感を示すのがいいでしょう。

もしもそう思えないとしたら、あなたにはさらに成長する余地があるということです。ぜひ、できることから対話してみてください。

また、**当事者ではない大人が間に入る**のも、1つの方法です。

おすすめトレーニング法

『メタ認知』トレーニング」（218ページ）
「傾聴・対話トレーニング」（223ページ）

column
5

あなたが変われば、世界が変わる！

みなさんは、PTA活動に積極的に参加していますか？

私の妻は、わが子たちの通った小学校で何年もPTA役員を続け、最後には会長まで経験しました。妻が言うには、ＰＴＡでは多くのことを学び、それが子育ての喜びでもあったそうです。

私自身も、妻から人間関係や問題解決法などの相談を受け、夫婦で対話を重ねました。その経験は大変貴重だったと感じています。この経験からわかったのは、何より保護者どうしが話し合って仲良くなることが大切だということです。

ＰＴＡ活動を共にする保護者は、みなさん「子どもたちのため」という共通のゴールがあります。ところが、人は大きな共通のゴールを忘れ、細かいことで争いがちです。本来は、同じゴールを目指すならば、対話を重ねることによって、みなが仲良く同じ方向を目指せるのです。

これは、会社組織や家庭でも同じです。参加する一人ひとりの中にリーダー的思考が芽ばえ、それを少しずつ実践していくことで最高のチームへと成長します。

ではどうしたら、リーダー的思考が芽ばえるのでしょうか。さまざまな要素がありますが、まずは大きな共通ゴールや、問題の本質を俯瞰（＝メタ認知）することが重要です（俯瞰するためのワークは２２０ページ）。

リーダーは、想定外のことが起きたときにも、リスクを恐れずにクリエイティブに判断し、方向を指し示す人です。また、自己実現やつながりを大切にし、前向きで自分らしく日々を過ごす人です。つまり、「幸せの4つの因子」を兼ね備えている人といえるでしょう。

既存のルールの中で組織を引っぱるのは、リーダーというよりも管理者にすぎません。これからの時代、クリエイティブな発想ができ、臨機応変に対応ができるリーダーの存在が求められているのです。

重要なのは、リーダーとは特別な人を指すのではないということです。つまり、実は、すべての人の心の中にリーダー的要素があり、これを引き出すことができれば、よりよい家庭、職場、地域、社会をつくれるのです。

ことに家庭や学校では、大人も子どもも、みながリーダーとしての自覚を持ち、それぞれの強みや特性を活かしながら前進することこそ、目指す姿なのではないでしょうか。まさに、「やってみよう！」因子ですね。

外で遊ばない、友だちと遊ばない

Q 幼いころから外遊びよりも、部屋の中で遊ぶことが好きだった息子。小学生になってからも、家の中でゲームをしたり、漫画を読んだり……。このままで大丈夫なのでしょうか。

A イヤなことは無理矢理しなくてもいいんです。

ありがとう!

大人にもインドア派とアウトドア派がいるように、子どもにだって家の中で遊びたいタイプと、外で思いきり遊びたいタイプがいます。それぞれが個性ですし、そうしたい理由があるわけですから、親はその個性や理由を認めるべきでしょう。

私は運動が苦手な子どもでした。ですから、友だちと野球をしたり、プールへ行くことが本当にイヤで、行くふりをして、こっそりどこかに隠れていたこともあります

（笑）。幸い私の両親は、あれこれうるさく言わず、私のすることを否定せずに育ててくれました。本当に感謝しています。

もちろん、人は社会的な動物ですから、生きるうえでは協調性も重要です。とはいえ、子どもがイヤだと思うことを無理矢理させなくてもいいのではないでしょうか。まずは、**子どもの内なる声に耳を傾け、認めてあげることが大切なのです。**

「のびのび育てましょう」と言うと、もともとのびのび育てている人がさらにのびのび育てる一方で、もう少しのびのび育てた方がいい人には届かない、と皮肉な結果になってしまうことがあります。

なぜこのようなことが起こるのかというと、みな自分を知らないからです。**自分自身を相対化して見ることができないから、自らの課題がわからず、過大評価したり、過小評価したりしてしまう**のです。

そうなると、どんな言葉も、自分の都合のいいように解釈してしまう。これは、子育てに限らず、人が生きるうえで間違いやすいことの１つです。

誰もみな、他人の欠点はよく見えますが、自分の直すべきところは麻痺して見えなくなっているものなのです。

自分の課題や、家庭の課題を見つけるためには、まずは自分自身について深く知ることです。そしていま一度、自分の周りを見渡して、相対化すること。周囲に100の家庭があれば、100の事例があるので、それらを見て、自分の位置を把握すべきなのです。

ところが、子育て中は、みなさん同じような悩みを抱えているのに、あまりシェアされていないのが現状です。もったいないですよね。

今の時代はみなさん仕事や家事、育児が忙しくて、ご近所付き合いも希薄になりがちです。だからこそ、PTA活動への参加はおすすめです。ぜひPTA活動を通して、子どもだけでなく地域に住む多様な人たちと交流していただきたいのです。

自分は忙しいしそんな時間は取れないとか、できれば避けたいと思われる方も多いと思いますが、PTA活動は子どものためになるだけでなく、さまざまな情報が得られたり、何より自分が成長する場だと思います。

多様な人と接し、ボランティア活動をし、自分が成長することは、まさに幸せの条件にかなっています。ＰＴＡ活動などのボランティア活動は、自分が幸せになるためにこそ、すべきことなのです。

おすすめ
トレーニング法

『メタ認知』トレーニング」（218ページ）
「ポジティブになるワーク」（233ページ）

column
6
思春期あるある② 暴力的になる

暴力的になる子に対しては、その原因をよく考えてみると同時に、一度過去を振り返ってみてはいかがでしょうか。

一概には言えませんが、もしかしたら親の愛が足りなかったかもしれない。あるいは、幼いころ、しつけのためということで、暴力と紙一重なことをしてしまったかもしれない、と。

子どもが幼いころには、命の危険などを知らせるために厳しくしつけることが必要な場面もあります。しかし、ある程度の年齢になってからは、そういったしつけの仕方は変えた方がいいと思っています。

なぜなら、子どもはやがて、親の真似をするようになるからです。親に似て暴力的になってはまずい、と気づいた時点で、すぐにやめることをおすすめします。

ほかにも、子ども自身にストレスがたまっていたり、家庭や社会に対する不安があったり、親や友だちなどとうまくいっていないなどの原因が考えられます。

まずは、子どもとしっかりと向き合い、何が原因なのかを探る。過去の出来事が原因であれば、それについて冷静に話し合い、お互いのわだかまりをなくすことが大切です。

おすすめトレーニング法

「傾聴・対話トレーニング」(223ページ)
「マインドフルネストレーニング」(227ページ)

ゲームやスマホばかり見ていて、私までストレスを感じている

Q 中学校入学のお祝いに与えたiPad。今では帰宅してから寝るまで、片時も離しません。リビングだけで使うという約束は守っているものの、もう少し有効な使い方をしてもらいたいのですが……。

A 子育てを長期的視点でとらえてみよう！

やってみよう！　ありのままに！

子どもとゲームとの関係について、印象的なエピソードがあります。現在大学生の息子が中学生だったころ、ゲームばかりしていて、夫婦で頭を悩ませたものでした。そんな息子が大学生になったころ、息子に言われてショックだったことがあります。「僕がなぜこんなにゲーム好きになったかわかる？　お父さんに禁止されたからだよ」と。ゲームを好きなだけさせておけば飽きていたはずなのに、禁止されたたか

ら、よけいやりたくなったのだというのです。

確かに、息子が小学4年生になり中学受験を本格的に意識しはじめたころ、彼のためを思って「受験が終わるまで、わが家はゲーム禁止！」と決めたのでした。思いきりやらせておけば飽きるのでは、とお考えのご家庭もあると思いますが、リスクもありそうと考え、やや強引にゲームを禁じたのでした。

そして、中学に合格。中学生になってからは、息子との約束もあったので、禁止を解除したら、ゲーム三昧。いつまでもやっていました。

本当に、禁止したから息子がゲーム好きになってしまったのか、禁止しなければすぐに飽きていたのか、今となってはわかりません。しかし、**「禁止」という強権的な行為は、気をつけた方がいい**でしょう。

子育てに限らず、厳格なる禁止は、あまりしない方がいいように思います。親が権力でジャッジするよりも、のびのびとさせた方が結果的にうまくいく可能性もあります。のびのびさせることで、一時的に自由奔放になってしまうかもしれませんが、**そ**

の分、自分で生きていく力もつきます。

自分の力で生きられる子どもと、枠にはまり、ルールに縛られ、自力で判断できず自立できない子ども。みなさんは、どちらに育てたいですか？　多くの方が前者を望むと思います。

なのに、親はついつい、真逆のことをしてしまいがちなのです。

知らず知らずのうちに、子どもを小さく小さく枠にはめてしまう。子どもの望むようにさせてしまうと取り返しがつかなくなるんじゃないか、という心配があるからでしょう。しかし、もっと子どものことを信じるべきではないでしょうか。

肝心なことは、子ども自身に決めさせましょう。たとえば、ゲームをする時間だとか、宿題を終えてからゲームをするといったルール。自分で決めたことを守れない場合には、ペナルティを自分で考えさせることもできます。

ルールを守れないほど熱中する場合には、それだけ興味や情熱があるということですから、その力を活かした勉強や仕事を目標にするという手もあります。

とはいえ、人それぞれ個人差がありますので、日ごろから子どものことをよく観察すること、そしてつねにコミュニケーションを図ることが大切です。

おすすめトレーニング法

「家族のためのハッピーワーク」（246ページ）
「傾聴・対話トレーニング」（223ページ）

column 7

私が勉強にハマってしまった理由

私自身を振り返ってみますと、子どものころからゲームにはハマりませんでした。あまりうまくなかったからかもしれません。当時はインベーダーゲームというゲームが大流行りで、周りの友だちはみな、熱中していました。

しかし、私はどうやってもうまくない。でも、下手だと思われたくありませんし、ましてや負けることがイヤだったのです。だから、「僕は興味ない」と言って一切やらなかった。ある種の「ありのままに！」因子ですね。

小学・中学生のころはインドア派で、一人で読書したり、ぼーっとしたり。それ以外は勉強していました。のんびりする時間にシナプスがつながって、脳が発達したのかもしれませんね。

一方で、記憶力がすごく悪くて、英単語などを覚えるのに人一倍時間のかかる子でした。

記憶するのに人の3倍くらい時間がかかるから、同じようにやっていたら友だちに負けてしまう。だったら、人の3倍勉強しようと決めたんです。高校生くらいのときだったでしょうか。「やってみよう！」因子ですね。

それからはずっと勉強時間が長くて、いつも計画を立てて、計画どおりに勉強していました。

お正月も元旦から勉強計画を立てていたら、先生に「正月くらいは勉強してはいけません」と言われ、心の中で、「なんで勉強しちゃいけないの？」と反発したこともあります。

小学生のころは、勉強していた割にはあまり成績が良い方ではなかったんです。ところがそれを続けているうちに、中学・高校・大学と、少しずつ成績が上がっていきました。「なんとかなる！」因子です。

なぜこんなに勉強したのかと思い返してみると、成績が上がっていくというゲーム感覚が好きだったのかもしれません。

将来、一流になりたい、歴史に名前を残したいという想いもありました。勉強しないと一流になれないだろう。この記憶力だとマズいなとも思っていました。

今考えると、少しませていたと思います。周りがテレビやゲームに夢中になっているころには、あんなのくだらないと、少し冷めた目で見て、自分は自分のゲーム（勉強）をしていたんですね。

ところで私の両親は、私に「勉強しなさい」という類いの言葉は一度も言いませんでした。

というのも、私の祖父は非常に教育熱心で、父をどうしても良い大学に入学させたかったようです。しかし、その挙げ句、父は背伸びをして受けた大学に3回も落ちているんです。

その反動か、父は私に「どこの大学へ行ってもいい。勉強しなくてもいい」と、つねに言っていました。そんな両親に対し、私は「ありがとう！」因子でいっぱいです。

「ゲームするな」と言うとしたくなるし、「勉強するな」と言うとしたくなる。

子どもは、親の言うこととは反対のことをしたがるものなのかもしれませんね。

勉強編

2

勉強のやり方を伝えても、うまく理解してもらえない

Q 小学校高学年になり、勉強が難しくなってきましたが、なかなか机に向かいません。中学受験を視野に入れているため、つい勉強について口を挟んでも、梨のつぶて。どうしたら本人に響くのでしょうか？

A 「好きこそ物の上手なれ！」まずは、好きになることからスタート！

ありのままに！

いかに勉強時間を確保するかということよりも、まずはいかに勉強好きにさせるかが重要です。**好きにさえなれば、子どもはいくらでも「やってみよう!」と思います。**ゲームやサッカーが好きなように、勉強も好きになればいいのです。

私の場合、勉強を好きになった理由は単純です。成果が出たからです。成績が上がるという、わかりやすい結果がある反面、スポーツと同じように、シビアな世界であることも確かです。「平均点」という言葉はあまり好きではないのですが、嫌でも半分の人は半分よりできないというレッテルが貼られてしまうんです。

私自身はスポーツが苦手でしたから、運動嫌いになる人の気持ちがとてもよくわかります。きっと勉強ができない人の気持ちも同じようだと思います。ここで強く言いたいのは、**苦手だと思わなくていい**ということです。

たとえば数学力についていうと、究極的には、店で買い物できるだけの数学力があればOK。それよりも、人とコミュニケーションできる方がずっと素敵です。「ありのままに!」因子ですね。

算数でひどい点数を取ったとしても、**「ここはできたね、ここもできるともっと面白いよ」**と、ポジティブに返す（「なんとかなる！」因子）。子どもだけでなく大人だって、そうした方が絶対にやる気が出ます。

気をつけなければならない点は、どうしたらやる気が出るか、やる気の出る方法を探すことです。結果が出たり、解けなかった問題が解けたりすればやる気が出ます。つまり、成功体験がポイントなのです。

ですから、**まずは簡単な問題を解いて、少しずつ成功体験を積み、自信をつけさせること。**誰だって、自分には少し難しいかなと思うような問題を解いて成功体験すると、一番やる気が出るのです。成功体験が結果的に「好き」につながるよう、うまくサポートしたいですね。

みんながんばるために、「平均点」とか「平均点以下」といった概念は、もうやめた方がいいと思います。これからは多様な絶対評価の時代ですから、平均点はもはや関係ありません。

私は大学で教えていますが、あらゆる能力について、トップクラスの人はほめますが、そうでない人はなるべくランキングしないようにしています。

みんな、自分はどの部分がトップクラスかだけを知っていればいいじゃないですか。**平均点以下のものを、平均点以下だと知る必要はまったくありません。**ランキングするなら、トップクラスだけでいいんです。あとは、「その他」。

で、なるべく多様なランキングをして、みんなが何らかのランキングに入るようにすることの方が大切です。

「みんな違って、みんないい」のですから（第4因子）。

おすすめトレーニング法

「ポジティブになるワーク」、

特に「I can／I like／I have／I am ワーク」（239ページ）

column

8

テストの点数に惑わされない子育てを！

学力に限らず、運動能力やその他のさまざまな能力について、わが子とほかの子を比べる親御さんがいますが、それは危険です。

比較で秀でていたときの喜びは長続きしないことが知られていますし、比較して負けたら挫折感になります。

子どもの伸びるスピードはそれぞれ異なりますし、運動が得意な子もいれば、記憶の得意な子もいる。ピアノが上手に弾ける子や、料理が得意な子……。子どもの能力は千差万別なのです。

母子手帳の「成長のめやす」という記載も、単なる目安だととらえてください。両親は不安を煽られる必要はありません。健康で、その子らしい成長をしているならば、それでいいんです。個人差は大きいんです。「ありのままに！」、です。

今でこそ、多くの論文や書籍を執筆している私ですが、国語が得意だと感じたのは30歳くらいになってからでした。実は子ども時代には、自分は国語ができない、駄目だと思っていました。

なにせ、小学校のころの漢字テストでは何度も0点を取りましたし、大学の共通一次試験の漢文の試験も0点でした。ところが、30歳くらいのときに会社の昇進試験で文章を書かなければならず、一生懸命書いたら、トップで合格してしまったんです。なんとかなる!

自分でも驚きましたが、文章を読み取る力がなかった分、わかりやすい文章を書くことが得意だったのです。それに気づいた30歳くらいから、俄然、文章を書くのが面白くなってきました。今では何十冊も本を書いています。

つまり私は、小学生のころのくだらないテストのせいで、自分は国語が苦手だと思い込まされていたのです。今思えば、私は国語が苦手だったのではなく、国語力の成長がやたらと遅かっただけなんです。その証拠に、小学校の国語の問題を今解いてみると、すいすい解けますから。

子どもは、自分が得意なことだけ知っていればいい

今も、成長が遅いだけなのに苦手のレッテルを貼られている子どもたちが量産され続けているのかと思うとゾッとします。

もう一度言います。子どもたちを画一的な指標で比較して、「苦手」というレッテルを貼るのはやめましょう。子どもたちは、「自分は何が得意か」だけ知っていればいいいんですから。

現在の日本の画一的ランキング型教育システムは、子どもたちを不幸にするシステムです。それが戦後からずっと続いてきたのです。ようやく学習指導要領が変わり、「主体的で対話的な深い学び」が推奨されつつあります。これには期待したいですね。

幸いにも、私の両親が画一的ランキング型教育をしなかったのは救いでした。感謝（「ありがとう！」因子）です。私が0点をとっても平然としていたのは、子どもながらに「さすがだ！」と思いましたね。

先のコラムにも書きましたが、私の父は何度も受験で失敗したから、勉強は無理してさせるものじゃないと思ったのかもしれません。父も母も、私に対して「勉強しなさい！」と言ったことは、一度たりともありませんでした。

年齢が進むにつれ、勉強はどんどん難しくなります。平均点よりも低い点数をとってきた子どもに対しては、つい何か言いたくなってしまいます。けれども、今は苦手でも、後で大きく伸びる可能性は十分にあるのです。もちろん伸びなくても、それはそれでいいのです。きっと違う能力を持っているのだから。

親とは不思議なもので、自分の能力不足はあきらめがつくのに、わが子のことになると、母性本能・父性本能が働いてしまうからか、「この子はもっとできるはず」とか「この子はもっと伸びる」と思いがちです。

自分ができなかった部分について、よけいに子どもに期待してしまうことさえあります。そんな過度な期待はやめましょう。

勉強なんてできなくてもいい。いつかできるようになるかもしれないし、ならないかもしれない。でも、それがこの子の個性なのだ。そのように受け入れることで、わが子の個性が豊かに育っていくのではないでしょうか。

苦手なジャンルを克服させるより、得意なことを伸ばした方が幸福度は高い

脳の神経細胞数はみな、同じです。数値的には同じですから、優秀だとか劣っているという差は、本来ないのではないかと思います。

算数ができなくても、算数に使わない分、ほかの何かのために脳のポテンシャルを残してあるはずです。苦手なジャンルをイヤイヤ勉強させるよりも、得意な科目やジャンルを見つけることに注力した方が、圧倒的にパフォーマンスが上がるのです。

国数社理英美体音……など、限定された教科の中で行われるテストで順位を決めるなんてバカバカしいと思いませんか。多くの人は、それ以外のところに、何か隠れた能力があるのですから。

弱冠14歳でプロ将棋の資格を得た藤井聡太さんも、ご両親がわが子に将棋の才能があると見抜き、ほかのことを強要せず、彼にとって最適な環境を与えたといわれています。

私は、すべての子どもは、彼のように、ものすごい強みを持っているのだと考えています。あなたの子どもが何かでものすごい能力を発揮していないなら、それは、その子のものすごい強みをまだ誰も見抜いていないからなのだと思います。もったいないですよね。

ぜひ、この子はどんな能力を秘めているんだろう、とワクワクしながら育ててみてください。信じていたら、必ず開花します。

平均点や、平均点以下の部分は、気にしないに限ります。現状を減点式で見るのではなく、未来を信じて期待していればいいのです。

なにか大好きなことがあり、ものすごく夢中になれたり、誰にも負けない得意なことがあるのは、それがどんなことであれ、素晴らしいことです。夢中になっていると、脳の神経細胞がどんどんつながり、熟達するのですから。

よい子育てとは何かというと、わが子の得意なことや夢中になれることを見抜き、それを心から信じて支えること。それだけです。

どの親も、わが子が自分らしい人生を生き生きと歩んでほしいと願いますよね。

そのためには、子どもとともに成長する家族であることが大切なのです。

まったく勉強をしようとせず、やる気スイッチが見つからない

Q

学校から帰宅すると、すぐに遊びに行ってしまいます。日々の勉強は、毎日出されるわずかな宿題だけ……。

小学校低学年のうちはこれでもいいのでしょうが、中学年になるとさすがに不安です。いったい、この子のどこに「やる気スイッチ」があるのでしょうか？

A

「勉強させなくちゃ！」という想いを手放してみよう！

ありのままに！

繰り返しになりますが、勉強をしたくない子や、やる気のない子は、無理にしなくてもいいと思います。極端なことを言えば、これからの時代はどこかの大学に入れますし、「勉強ができる＝成功」という図式はもはや成立していません。

「勉強しなさい」とうるさく言って、無理やり画一的な勉強をさせるよりも、子ども

が成長する過程で、**心からやりたいと思えることを見つけるのが、一番の幸せです。**
それは、勉強だったり、スポーツ、遊び、習いごとだったり、何でもいいんです。

そもそも、無理に勉強させようとする親の意図の方が間違っていると思いませんか？ 皮肉なことに、親が「勉強させたい」と思った時点で、子どもは勉強をしたくなくなるものです。

ですから、まずは、親の方が「勉強させたい」という気持ちを手放してみてはいかがでしょうか。

「○○させなくちゃ」という想いを手放して、「ありのままに」の状態になれると、きっと何か見えてくるはずです。

時には、「勉強なんてしなくていいよ」と言ってみるのもいいかもしれません。すると、もっと興味のあることや好きなこと、学びたい分野が見つけられたり、さまざまなものが見えてくるはずです。

大学教員の私が言うのですから本当です。勉強なんてしなくてもいいと思います。

前にも述べたように、能力はあとで伸びるかもしれないので、勉強したくなったときにすればいいのです。それは大人になってからかもしれませんし。

また、**無理をしていわゆる「良い大学」に行ったからといって、良い人生になるわけではない**ことは、たくさんの事例を見てきた私が一番よく知っています。

画一的な競争など、人生の無駄です。なるべく早く、そういう無駄な競争はやめて、本人の、本人らしい、本人だけの得意な点を見つけることに注力すべきです。

おすすめトレーニング法

「マインドフルネストレーニング」（227ページ）
「家族のためのハッピーワーク」（246ページ）

少しうまくいかなくなると、すべてを投げ出してしまう

Q 完璧主義なのか、少しでもうまくいかないと、「もうやめた！」と投げ出してしまいます。「もう少しがんばってみたら？」と声がけするのですが、まったく聞かず。この先が心配です……。

A 「3：1」の法則で、物事はうまくいく！

なんとかなる！

どんなことでもうまくいかなかったら、嫌な気持ちになりますよね。大人だって、仕事でうまくいかなかったら落ち込んだり、「やってられないよ」と言いたくなります。

このような場合、**親にできるのは、放っておくことです。**

たとえば、おねしょだって自転車だって、いつかは問題解決するんです。むしろ遅

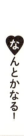

い方が、親も子もストレスがなくてハッピーな場合だってあります。

成長の過程で、何ができたかとかできないとか、そういったことについての早い遅いはまったく関係ありません。

「その時」がきたらできますし、仮にできなかったとしても、「ああ、向いてないんだな」と思って、別のことにチャレンジすればいいのです。

子どもは、成長する過程で、ネガティブな発言や言い訳などが多くなることもあります。そんなとき、親はどんな対応をすればいいのでしょうか。

私はこう考えます。子どもの発言に共感したらすればいいですし、共感できなかったらしなくていい。ただし、**その際にネガティブワードを言ってしまったら、その3倍はポジティブワードを言う。**

これは、アメリカのポジティブ心理学者バーバラ・フレドリクソンの唱える、**ポジティブ感情とネガティブ感情の黄金比「3：1の法則」**に由来します。

フレドリクソンは、ネガティブな感情がゼロになるということはあり得ないとしたうえで、ポジティブな感情がネガティブな感情の3倍上回ることで物事が良い方向へいくと言っています（なお、3：1が正確かどうかについては論争中なので、数字はざっとした目安くらいにとらえていただければと思います）。

たとえば、「○○はダメだね」と言い放ってしまったら、その後に「でも、××はすごくできるよね」と3倍フォローする。子どもに限らず、**ダメ出しばかりされていてはやる気もなくしますし、何より自己肯定感がどんどん低くなってしまいます。**

とはいえ、「これは今、子どもにどうしても伝えなければならない」という場合もあります。そんなときは、社会性に関連づけてみてはいかがでしょう。

子どもでも、「○○ができないと、世の中で困るんだ」ということは知っておいた方がいい場合もありますし、冷静に受け止められた方が勉強になります。

ただ、その場合も伝え方は工夫しましょう。「○○ができないと、世の中で困る」というより、**「○○ができるようになると、とっても便利だよ」**の方がやる気が出ますよね。

頭ごなしに怒鳴ったり、叱ったりするのは最悪です。反発するか聞き流すかのいずれかの結果となってしまいます。

いずれにせよ、**冷静に子どもを観察し、判断し、ポジティブに伝えることが重要**なのです。

おすすめトレーニング法

「ポジティブになるワーク」、
特に「STOPネガティブワード」（237ページ）
「自己受容、自己肯定感アップトレーニング」（252ページ）

ゲームやパソコンに熱中し、ほかのことに手がつかない

Q まわりの子とのコミュニケーションでもあるからしかたないとあきらめてはいるものの、ゲームに熱中すると何時間も続け、注意も耳に届かない状態です。これが永遠に続くのかと思うと、不安ばかりが募ります。

A 子どもを信じることこそが、親の最大の役目！

やってみよう！

子どもに対して注意や禁止をする前に、まず自分に置き換えてみたらいかがでしょう。たとえば、上司に怒られたらイヤですよね。私たちは大人だから聞きますが、心の中では「くそぉ」とか思ってしまいますよね（笑）。

加えて、子どもに対して「早く早く」と急かすことに悩んでいる方も非常に多いと思います。注意や禁止、急かされることは誰だってされたくないですし、ましてや子

どもなら普通は聞きません。

これまでにも何度か出てきましたが、私の息子は中学から高校にかけて、ゲームばかりしている時期がありました。当然、妻は「やめなさい」とか「勉強したの？」などいろいろと息子に言っていましたし、私にも「あなたからも何とか言って！」とリクエストしてきました。

けれども私はあえて小言は言わず、**「試験前にゲームをしているなんて大物だなー」「お父さんはお前を信じているからな」**などと伝え、息子を本気で信じ続けました。

すると大学生になったある時点から、あれだけゲーム好きだった息子がほとんどゲームをしなくなり、勉強に打ち込むようになったのです。私は驚いたと同時に、非常に合点がいきました。

教育心理学における心理的行動の1つに**「ピグマリオン効果」**というものがあります。これは1964年、アメリカの教育心理学者ロバート・ローゼンタール氏によって提唱された、**「人は期待されると、期待されたとおりの成果を出す傾向がある」**という、期待と成果に関する効果を指します。

大学で、ローゼンタールは学生たちとネズミを使った迷路実験を試みました。彼は学生たちにネズミを渡す際、一方は「これは、よく訓練された利口な系統のネズミ」と伝え、他方は「これは動きの鈍いネズミ」と伝えました。

本当は、どちらのネズミも利口さは同じだったのです。ところがこう聞くと、学生たちによるネズミの扱い方も変わってきます。前者は丁寧に扱われ、後者は適当に扱われる。

実験の結果は、お察しのとおり、前者の利口なネズミとして扱われた方が成績が良かった。この結果からわかることは、**能力の違いではなく、期待度の違いが実験結果に反映される**ということです。

同様の実験が、アメリカの教育現場でも行われ、結果は同じようになりました。

ここで強く伝えたいのは、**子どもを信じること、これこそが親の最大かつ最高の役**

目だということです。

何の見返りも求めず、ありのままの姿を愛し、信じ続けられるのは、親だけです。親が信じないで、誰が信じるのでしょう。誰にも信じてもらえない孤独な子どもは、不安や心配にさいなまれ、自分の人生を謳歌できません。

よく、親は港であり灯台であるとたとえられます。**親は、子どもの航海にはついていけません。**ただ子どもの無事と成功を祈り、信じて見守るだけ。

子どもという船が遭難しそうになれば明るく照らし、嵐に遭遇したら安心して寄港できる場所となり、無事に航海を終えたら安らぎを得られる場所となる。

そんな親になれたら、子どもは、安心して自分のやりたいことを探し、自分が最も輝ける生き方を見つけるためのチャレンジの船旅に出られるのです。

おすすめトレーニング法

「マインドフルネストレーニング」（227ページ）

「感謝の日記」（241ページ）

「自己受容、自己肯定感アップトレーニング」（252ページ）

column
9

少しくらい時間にルーズな方が長生きできる⁉

特に幼少期のお子さんを持つ親御さんからの悩みで多いのが、「早くして！」問題。つまり、時間についてです。これって誰もが経験済みではないでしょうか。

タイムリミットがあるときに限って、早くしてほしいのになかなか思うようにならない。家を出なければならない時間はどんどん迫ってくるのに、子どもが着替えてくれなかったり、ごはんを食べてくれなかったり。

あの手この手でわが子をモチベートし、ようやく玄関までたどり着いたと思ったら、今度はお気に入りの靴がないと泣き叫ぶ……。イライラが募ってくる感じ、よくわかります。

幼いころから日本人の常識として、時間は守るものだと教えられてきましたが、実はそういった習慣自体が行きすぎかもしれないと、あえて問題提起してみます。

ハーバード大学の授業は、ベルが鳴ってから7分後に始まります。教授が教授室

図3-1　OECD加盟諸国の労働生産性（2015年／ 35カ国比較）

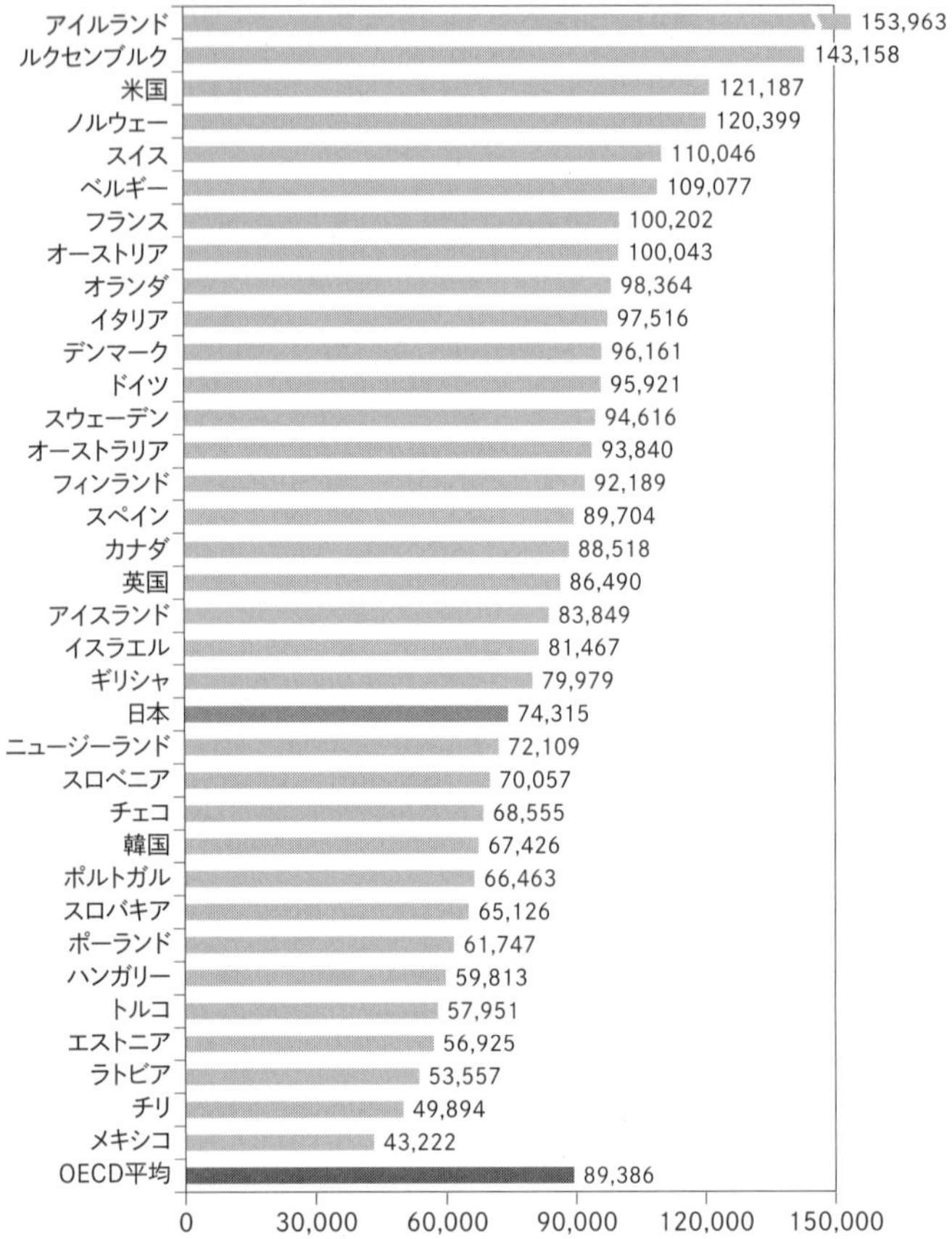

単位：購買力平価換算USドル

出典：「労働生産性の国際比較　2016年版」

から教室まで歩く時間分だけ遅れるのです。

アメリカ、ヨーロッパ、アジアの各国を訪れてみると、日本ほど時間厳守の国はほかにありません。もちろん、きちんとしていることのメリットもありますが、あまりにルールが厳格だと生きにくいという人の価値観にも配慮して、今こそ「時間はぴったりに始まるものではない」という新たな概念を認めてはどうでしょう。

実はここ数年、日本の労働生産性はイタリアよりも低いことが明らかになっています（http://www.jpc-net.jp/intl_comparison/intl_comparison_2016.pdf）。

あの大らかで、ゆったりとした時間の流れるラテン系の人たちよりも、勤勉で時間を厳守する日本人の方が生産性が低いなんて衝撃ですよね。

緻密で計画的にやっている割に、先進諸国の中では生産性が低い。日本人は、「時間厳守」という価値観を一度見直してみたほうがいいのかもしれません。

それが無理でも、入試や入社試験など、絶対に間に合わせないといけないときや、ほかの人に多大な迷惑をかけてしまうとき以外は、命にかかわるわけではないのだから、少しくらい遅れても大丈夫と、どんと構えてはいかがでしょうか。

中学受験準備がはじまり、子どもとの関係が悪くなってきた

Q

４年生の後半から塾通いを始めました。５年生の半ばくらいから、子どもがつねにイライラし、それにつられて妻もイライラ。

父親として、土日は気分転換を、と考えていますが、そんな雰囲気でもなく……。

どう接したらいいでしょうか？

A

合格への第一歩は、親子が幸せであること！

ありがとう！

まずはじめにすべきなのは、とにかくイライラを止めることです。親子で激しい言い争いがあるなら、まずは親子の関係を改善することです。

親子の関係が悪ければ、子どもの勉強の成果は思うように出ず、合格する可能性が低くなります。特に、まだ自立していない小学生がチャレンジする中学受験は、親子

の共同事業です。子どもの心が整っていなかったら、絶対に良い結果は出ません。

私は本来、日本の中学受験システムには反対でしたが、わが家の子どもたちは、本人たちが望んだので、2人とも中学受験をしました。

経験された方はおわかりかと思いますが、年齢不相応に過酷ですので、あまりおすすめはしません。うちの子どもたちは受験して入った学校に満足していますが、私は今でもほかの道でもよかったのではないかと思っています。

もちろん、違う中学・高校に行っていたら、形成される性格は少し違ったかもしれないけれど、ほかの道に行ったらほかの良さが身についたでしょうし、また違った幸せな人生を歩んでいたはずです。

それでも中学受験したいということであれば、親子でその意義についての対話を重ねて納得するとともに、親も子も幸せな状態であり続けることが大切です。

親子の関係性が悪い場合に、親が媚びるようにして近寄る必要はありません。なぜ、子どもとの関係性が悪くなったのかを、対話を通して探る。その丁寧なプロセスがとても大切なのです。

親子でイライラしていたら、絶対に良いパフォーマンスは出ません。逆に、幸せな状態だとパフォーマンスが上がります。**社会人を対象とした研究で、幸せな状態の人は不幸な人よりも創造性が3倍、生産性は31%、売り上げは37%高い**というデータがあるのです（ソーニャ・リュボミルスキー、ローラ・キング、エド・ディーナーの研究。出典：「ハーバードビジネスレビュー」２０１２年５月号「幸福の戦略」）。


勉強をする際も、心が落ち着き幸せで、マインドフルな状態ならば、結果的に記憶力も高まり、効率もアップすると考えられるのです。

時間を忘れるほど物事に没頭している状態を、「フロー状態」とか「ゾーンに入る」といいます。

「フロー状態」とは、心理学者のミハイ・チクセントミハイによって提唱された、人間の精神的状態をいいます。チクセントミハイは、自身の研究から、次の４つの要素が揃うと、自分自身の心理的エネルギーが１００%、取り組んでいる対象へ注がれ、没頭し、高揚感に包まれた状態になると述べています。

〈フローが生み出される主要な条件〉

1 自分の能力に対して、適切な難易度のものに取り組んでいる
2 対象への自己統制感がある
3 直接的なフィードバックがある
4 集中を妨げる外乱がシャットアウトされている

これを子育て、ことに教育に置き換えてみると、非常にしっくりくるのがわかります。

① 子どもの能力に対して、適切な難易度の問題に取り組むことができている
② 自分自身でそれを管理、コントロールできるよう、親が必要なサポートを行っている
③ 親が口を出しすぎるのではなく、「いつも見守っているよ」という態度を明確に

図3-2　フローが生み出される主要な条件

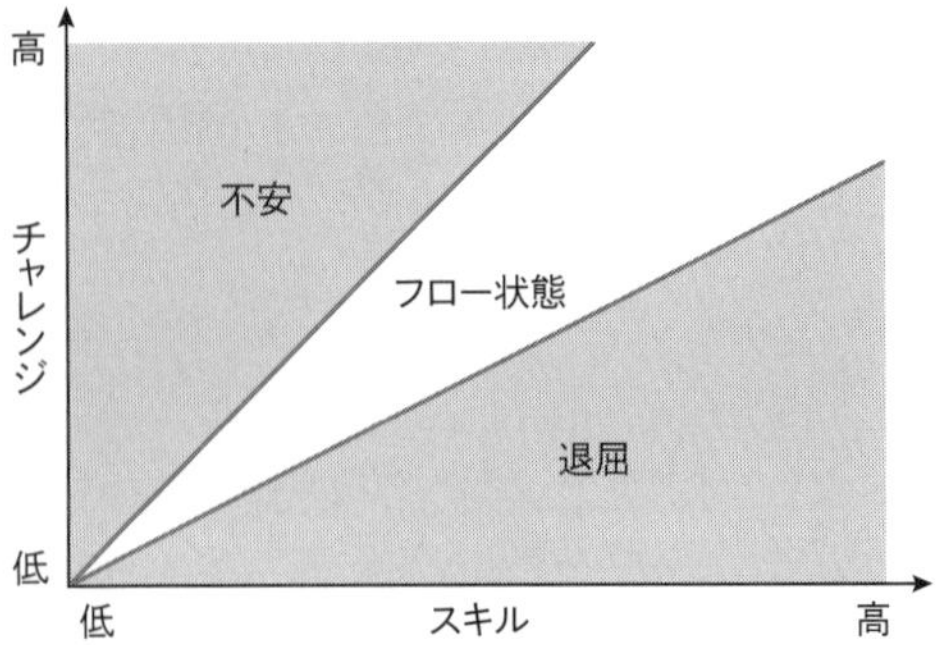

示す。子どもには勉強の成果が適切にフィードバックされる

④　子どもが集中できる環境になるよう、衣食住の面でサポートする

いかがでしょうか。これがすべて実践できれば、子どもでも大人でも良い結果が出ます。そのためにも、まず親ができることは、子どもが安心して遊び、学び、成長できる家庭環境をつくることです。

特に、まだ親とのつながりが深い反抗期前（小学生以下）の子どもにとって、親との関係性が悪いことは、大きな孤独感やストレスにつながります。「勉強に集中しなさい」と言われても、できるわけがありません。

繰り返しになりますが、親子関係が良好で、心が落ち着いて幸せな状態ならば、どんどん勉強できます。「わが家はあまり関係性が良くないな」というご家庭は、勉強をさせることよりも、まずは関係性を修復しましょう。

勉強させないと不安かもしれませんが、**関係性さえ良くなれば、いくらでも巻き返しは可能なのです！**

おすすめトレーニング法

「マインドフルネストレーニング」（227ページ）
「家族のためのハッピーワーク」（246ページ）

親どうしの関係、パートナーシップ関係編 3

価値観の異なる家庭とどう付き合うべきか、悩んでいる

Q

子どもが小学校に入り、これまでとは違う価値観を持つご家庭と接する機会も増えてきました。ＰＴＡ活動などでお会いするたびに、違和感を感じるお母さんがいますが、最近、その方の動向に嫌悪感を感じるようになってしまいました。どう接していいものか、困惑しています。

A

愛を持って、お互いの価値観の違いを楽しもう！

ありがとう！　なんとかなる！　ありのままに！

イヤな人になりたいと思ってイヤな人になった人は、世界中に一人もいません。父母から遺伝した生まれつきの個性によって、あるいはこれまで生きてきたなかで何らかの課題に直面した結果として、あなたと価値観が違う人になったのです。

価値観の違う人との出会いは、広く人生をとらえてみると、ものすごいチャンスです。人間は、それぞれ価値観が異なるからこそ、お互いが成長できます。

先にも述べましたが、幸福学の研究でも、**多様な人と付き合っている人の方が、自分と同じような人とばかり付き合っている人よりも幸せ**というデータがありますから、価値観の違う人とうまくやれると幸せ度が高まるのです。

たとえば企業や組織でも、価値観や考え方が違う人たちがいることで、イノベーションや新しいアイデアが生まれる確率が高まることが知られています。ただそこで、「価値観が違う＝嫌い」という感情が出てくることが多々あり、要はそれが出なければベストというわけです。

実は価値観が違うことを認め合うと、俄然楽しくなるんです。時には、驚くほど自分と価値観が違う人と出会うこともあるでしょう。そんなとき、まずは仲良くなれるよう歩み寄ってみましょう。

日本人の多くの人が苦手かもしれませんが、価値観の違いを素直に伝え合えばいいのです。歩み寄れないくらい価値観が違うなら、笑い飛ばしてみてはいかがでしょう。深刻になるより、「もう笑っちゃうしかない」と開き直るのです。もちろん、本人に向かってではなく、一人のときに。

たとえば、時間を守れない人に出会ったら、私ならこう伝えてみます。「細かい時間を気にしない人の方が長生きって知ってました？　日本人には細かい人が多いんですが、約束の時間を気にしないなんて、さすがですね〜」と(笑)。

ここでのポイントは、「あなたと仲良くなりたいんですよ」という親しみと愛を込めながら告げること。皮肉っぽく言うのではありません。**人間関係において非常に重要なポイントは、つねにオープンであること。**つねに、どうオープンに接するかを考えておきましょう。

よく、「あの人は、私たちとこんなにも違う！」と陰口を言う人がいますが、これは防御。残念ながら、自分に自信がないと防御してしまいがちです。ストレスがたまったときには、陰口でストレス発散するのも有効でしょうが、抜本的な解決にはなりません。

本質的には、身を守る防御の姿勢ではなく、いつも調和の姿勢でいるように心がけることが重要です。安心な環境、雰囲気の中で、自分に自信があれば、防御しなくていい。

では、安心な環境を築くにはどうしたらよいのでしょう。答えは、**傾聴と対話**です。

第2章でもご説明した傾聴は、コーチングやカウンセリングの分野でもよく使われますので、ご存じの方も多いと思います。

単に「聴く」ことと、「傾聴」とでは、どのような違いがあるのでしょうか。傾聴を英語に訳すと、「active listening」です。つまり、ただ相手の話を聴くのではなく、**注意深く、相手の気持ちに寄り添いながら共感的に聴く、**というイメージです。

イラッとしたり、苦手と感じたら、「イラッとした」「苦手と感じた」ということを冷静に意識してみてください。そのうえで、傾聴を心がけるのです。

「何だよこの人（イラッ）」という反感をそのままにするのではなく、**「イラッ」を「好奇心」に置き換える**のです。「どうしてこの人は、こんなふうに振る舞っているんだろう？」と。

ひとこと付け加えておくと、「イラッ」としたあなたのその価値観も改善すべきものかもしれません。イラッとした対象は、あなたのなかのイラッとする部分に対応している場合もあるのです。これは、心理学の世界では「投影」とよばれます。

つまり、相手の嫌な点は、そのままあなたの嫌な点。相手にネガティブに向き合うことは、あなたのネガティブな部分に向き合っていることでもあるのです。

そんなときは、**相手の話にポジティブに向き合うことで、相手が心の奥底で考えていることや本当に伝えたいことを引き出すことができます。**

傾聴のポイントは、相手のありのままの気持ちを理解しようと心がけることと、言葉（声）以外の変化、たとえば表情や身振りなどにも注意を払うこと。最初は難しいと思われるかもしれませんが、やっていくうちに少しずつコツがつかめてきますし、子どもの話を聴く際にも大変役立ちますので、ぜひトライしてみてください。

また、「**幸せな人は性格がいい**」という研究結果もあります（蓮沼理佳『幸福・性格・欲求の調査アンケートに基づく幸福感の関係解析』慶應義塾大学大学院システムデザイン・マネジメント研究科２０１１年度修士論文）。

少し話がそれましたが、要は責める感じではなく、お互いに抱え込まず、価値観の違いを楽しめることがベストです。

もしもあなたの周りに、仲間に入ることができなくて孤立している人がいたらどうしますか。そしてこの人は、本当は仲間に入りたいと思っていたら……。

そんなときはぜひともあなたが率先して、仲間に入れてあげてください。その人が入ることで、そこにいるみんなが豊かに、ひいては社会が豊かになる。

「全員味方です！」と、みんなで信じ合うと誰も悪者にならないのです。

おすすめ
トレーニング法

「傾聴・対話トレーニング」（２２３ページ）
「自己受容、自己肯定感アップトレーニング」（２５２ページ）

子どもどうしのトラブルが大きくなり、親どうしの問題に

Q

きっかけは、教室で起こった女の子どうしのケンカ。そのうちイジメっぽくなってきたと、娘から相談を受けました。

まずは先生に相談したらと伝えましたが、ほかのお子さんのお母さまから連絡が。

私は、親は出てこなくても……と思っていましたが、出ないわけにもいかなくなり、どうしたらいいか悩んでいます。

A

自分が成長するチャンスです！

やってみよう！

親は何のために存在するのでしょうか。それは、みんなが幸せに生きていくための社会を形成するためです。

しかし、親がわが子の話だけを聞いて鵜呑みにし、わが子の肩を持つと、代理戦争

のようになってしまいます。

世界を部分的にしか見られない子どもに代わって、全体を視野に入れられるのが親ですから、少なくともわが子の立場に立つのではなく、**まずは相手の立場に立ちましょう。**

さらには、自分たちと相手を俯瞰する「鳥の目」から世界を見ましょう。どこの家庭もそのようにしたら、問題は起こらないはずです。

テレビドラマになったり、メディアで見聞きするような悲惨なケースや衝撃的なケースは、ある意味特殊なものです。

多くの場合は、ドラマのようなものではありません。ほんの一部の人たちのトラブルや争いがクローズアップされているだけ。

先にも述べましたが、**自分が苦手だなと思うような親に出会ったときは自分が育つチャンスです。**

親業というものは、子どもを育てるというよりも、自分が育つものだと思った方がいいでしょう。「共育」です。

教育から共育へ。親である自分だって未熟なんです。親も子どもとともに、さらに成長しましょう！

おすすめトレーニング法

「傾聴・対話トレーニング」（223ページ）
『メタ認知』トレーニング」（218ページ）
「その他（イラッとくるメールはすぐに返信しない）」（243ページ）

学校に意見したいが、モンスターペアレントと思われたくない

Q 子どもの通う中学の数学の先生は、生徒から質問があっても教えてくれないそうです。それはおかしいと感じ、学校に意見したいのですが、私がモンスターペアレントと思われないか心配で、なかなか行動に移せません。

A クリエイティブに、第三の解決法を探りましょう！

やってみよう！　ありがとう！

先生だって人間です。一生懸命やっているけれど、何かに気づいていなかったり抜けていたり、至らない点はあるものです。そんなときは、できるだけ優しい気持ちで意見や間違いを知らせてあげてください。誤解の場合も多いと思います。

ここで気をつけたいのは、**間違いを指摘するというよりも、対話をイメージすることです。**「怒り」に支配されては子どもと同じ。そうではなく、「一緒によくしていき

ましょう」というスタンスで臨むことが大切です。

そして、1つの問題に対して白黒をつけたり、どちらかに振れるのではなく、**それぞれの言い分を踏まえたうえで新たな案を考え出す**、これこそがクリエイティブな対話といえます。これを、応用倫理学の世界では**「創造的第三の解決法」**と呼びます（参考：『第2版　科学技術者の倫理』［丸善、2002年］）。

人は、白か黒、善か悪かと決めたがります。どちらかの両極端に寄るのが、第一と第二の解決法です。しかし、そこに真の解決はありません。どちらかの言い分を考慮できなくなる結果、争いになってしまうからです。

そうではなく、両者の要求事項をそれぞれいくつか織り込んだ中間的な選択肢を取ることが有効です。しかも、折衷案ではなく、創造的に解決策のアイデアを出すことがさらに有効です。

人類は知恵をもつ動物ですから、人が集い、自由にアイデアを出し合えば、たくさんの解決法が生まれます。単なる折衷案ではなく、両者にとって受け入れられる新しいアイデアが生まれれば、問題は解決できるはずです。

たとえば、最初の課題。「先生に苦情を言うか、我慢するか」。この2つのどちらかではなく、

・まずは、先生の方針を聞いてみて仲良くなる
・子どもから先生に質問させてみる
・もしかしたら、答えないというのは考えさせているだけかも、と考えてみる
・もしかしたら、子どもが勘違いしているのかもしれないので、参観日に確認する

など、創造的に考えると、第三の解決法はたくさんあります。

そうなんです。**がんじがらめでもう解けない、と思う問題も、創造性を発揮すればいくらでも解決策はあるのです。**

なお、創造的なアイデアの出し方については、第5章で説明します。

余談ですが、PTAとは「parent-teacher association」の略です。ペアレント（親）

とティーチャー（教師）がともに手を取り、子どもたちが学び成長する環境をより良くするための組織です。

本来は、先生と親が話し合うための仕組みなのですが、残念なことに日本のＰＴＡは、先生が不在になりがちですよね。それに、細々した仕事が多く、なかなかみんな役員をやりたがらず、仕事の押しつけ合いになってしまう……、なんてことも多々あります。

アメリカにもＰＴＡやＰＴＯという組織がありますが、父親も母親もボランティア精神にあふれ、仕事の押しつけ合いどころか、みんな積極的にいろいろな活動に参加していて、日本とはまったく様相が異なります。

みんながみんなの子どもたちのために貢献する文化は、見習いたいですね。

おすすめトレーニング法

「傾聴・対話トレーニング」（２２３ページ）
「マインドフルネストレーニング」（２２７ページ）

column
10

あらゆる問題は、「システム×デザイン思考」で解決できる！

私の所属する慶應義塾大学大学院システムデザイン・マネジメント研究科では、複雑に絡み合った大規模で複雑な問題を、多様な人たちがそれぞれの経験をもとに話し合い、より実践的な調査や実験を重ね、全体統合的な視点から解決するための研究と教育を日々行っています。

くわしくは第5章でご説明しますが、実は本書で取り上げた社会や家庭のいたるところに潜む解決困難とも思えるような難題も、このイノベーション手法を活用することでソリューションへと導くことができます。

たとえば、先のお悩みにもあったゲーム問題。一般的には、「させるか／やめさせるか」の二極論となりがちです。

ここにイノベーション手法を用いてみると、「じゃあ、とことんやらせてみる」とか、「2時間ゲームをしたら、2時間勉強するというルールを決める」とか、いろいろなアイデアが出てきます（まさに、前出の「創造的第三の解決法」です）。

みなで話し合うことで、多様な意見が出て、良いアイデアがわいてくる。そこで、良いと思ったアイデアを実践してみる。いろいろとトライすることが、親子の対話にもつながります。

この一連のプロセスに、実は素晴らしい創造の可能性が秘められているのです。家族や子どもと対話することで、創り出されるものがありますし、範囲をもっと広げ、価値観の違う人たちと話し合えば、どんどん違う意見が出て、思いもよらなかった新しいイノベーションが生まれます。

ところが今、日本で最も足りていないのが、このような考え方なのです。

もう一度言います。多様化する時代だからこそ、多様な人たちと対話を重ね、互いの違いを認め合い、クリエイティブな発想へとつなげるべきなのです。

それこそが、これからの社会を生き抜く術であり、日本人が果敢にチャレンジしていくべき方向なのです。

夫が学校行事や子どもとかかわろうとしない

Q 親の出番の多い小学校に入学したのですが、夫がなかなか協力してくれません。休日も自分の予定を優先し、子どもとかかわろうとしません。

A 子育てにかかわることで、幸福度がアップする！

ありがとう！

みなさんはご存じでしょうか。実は、**女性と男性の幸福度を比べると、男性の方が低いというデータがあります。**

各国間の比較をすると、日本ではこの差が顕著です。毎日、満員電車に揺られ、上司や部下との関係に悩まされ、会社の数字に追われる……。これで、幸せだと感じないさい、という方がおかしいのかもしれません。

だからこそ、お父さんたちには子育てにかかわってほしいと思います。**積極的に子**

図3-3　就業状態別「現在幸せである」と回答した人の割合

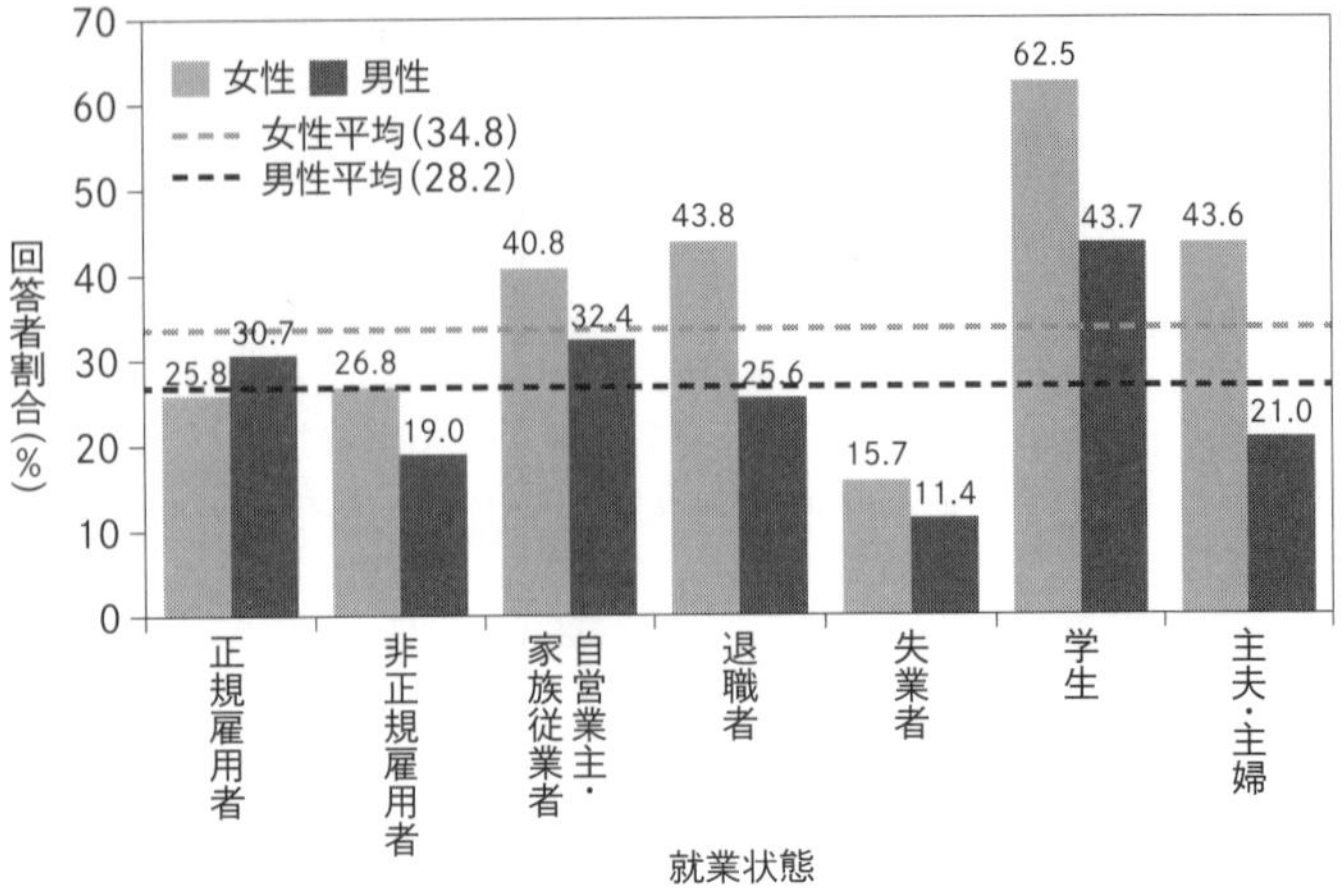

出典：内閣府『男女共同参画白書』（平成26年版）より

育てにかかわれば、お父さんの幸福度も必ず向上します！

冒頭にも書きましたが、幸せには、「地位財」によってもたらされる短期的な幸せと、「非地位財」によってもたらされる長期的な幸せがあります。地位財とはモノやお金、地位などで、非地位財とは健康や自由、愛情などです。

つまり、**家庭を顧みず仕事に打ち込むことで、結果的に出世して年収が上がったとしても、その幸福感は長続きしない**のです。逆に、長期的な幸せ、言い換えれば本質的な幸せは、逃げてしまうかもしれません。

子育てにかかわるメリットはたくさんありますが、何よりも自分の人生が豊かになります。思い出してみてください。自分が子どもだったころ、驚きや発見の連続で、毎日があっという間に過ぎ、心の底から楽しかったのではないでしょうか。

そんな思い出がないという方もいると思います。そういう方は、ぜひともわが子とともに、そんな素晴らしい思い出を1つひとつつくり上げてください。

男性の方が、家庭の収入を得るために働くということに没頭し、利他性を学ぶ場が少ないのかもしれませんね。

幸福学的には、利他的な人の方が幸せであるというデータがありますから、男性こそが子育てのフィールドに出て、わが子だけでなくみなの子どもを育てるという体験をした方がいいですね。

それに、精神的な疲労は、睡眠では改善しません。**精神的に楽しいこと、良いことをすることで改善される**のです。

私自身もかなり多忙な生活をしていますが、子どもたちが小学生のころは、可能な限りPTA活動に参加していました。

驚くべきことに、うちの子どもたちの小学校では、当時PTA活動に積極的にかかわっていた父親はただ一人。私だけだったのです。

そもそも、関与しているお父さんが少なすぎます。そのころに比べると、「イクメン」という言葉が流行語になり、男性の育児参加が盛んになってきたように思いますが、まだ当たり前にはなっていないように感じます。

なぜ父親は、PTAに関与しようとしないのでしょうか。母親ばかりのなかで、男性が自分一人だったらどうしようという不安や遠慮など、さまざまな理由があるのでしょうが、本当にもったいないことです。

繰り返しますが、PTA活動をはじめとする、子育てにかかわる活動に参加することは、**子どもの成長を間近で見られるだけでなく、自分自身の成長のチャンスでもあります。**

図3-4　幸せな人は利他的な人

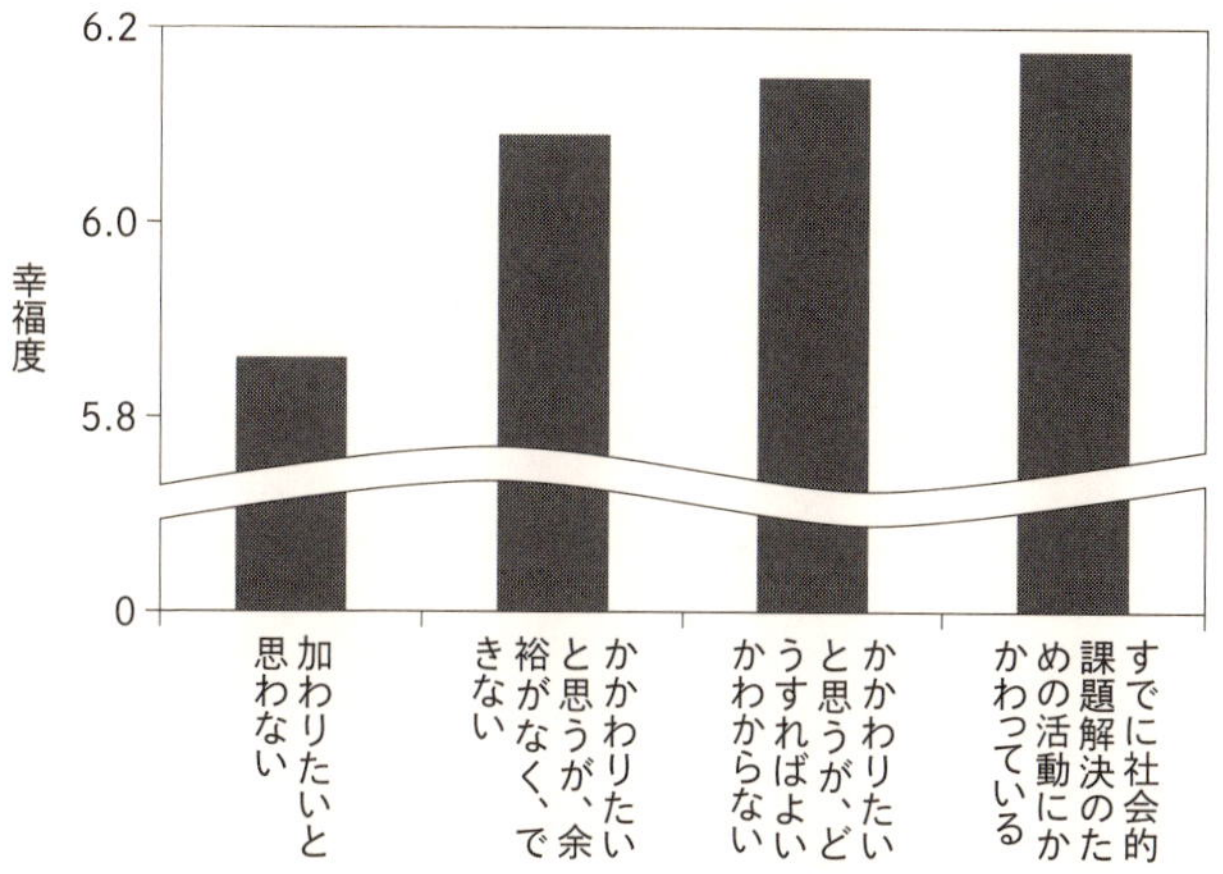

出典：内閣府経済社会総合研究所「若年層の幸福度に関する調査」（2010〜2011年）による

かかわることで、自分はもちろん、奥さんやお子さんも幸せになりますし、さらには学校や地域、周りの保護者からは頼りにされ、感謝されます。何もデメリットはないと思いませんか？

こう言うと、「自分は仕事が忙しいから、行きたくても行けない」という声が聞こえてきそうです。あるいは、せっかくの休みの日ぐらい家でゴロゴロしていたい、と。

しかし、**趣味がない人や私生**

活が暇な人よりも、ボランティアや趣味の活動をいくつか積極的に行っている人の方が幸せ、というアンケート結果もあるのです（プレジデントウーマン２０１７年９月号特集「幸せになる〝オフの過ごし方〟３つのヒント」）。

忙しいからこそ、なんとか時間をやりくりして子どもたちの笑顔や成長する姿を見て活力を得ることが、幸せにつながるのです。もちろん、仕事のモチベーションの向上にもつながるでしょう。

私がアメリカにいたころ、子どもたちの通う小学校では父親たちは当たり前のように行事や活動に参加していました。楽しそうに。むしろ、参加しない方が不自然なくらいでした。

近い将来、日本にも、学校行事やＰＴＡ活動への父親の参加が当たり前になる日が来てほしいと思います。みんなの幸せのために。

おすすめトレーニング法

「家族のためのハッピーワーク」（２４６ページ）
「満喫力を高めるトレーニング」（２４０ページ）

子どもの教育問題で、夫婦の関係が悪くなってきた

Q

もともと夫婦間で教育方針は一致していると思っていたのですが、中学受験の話が持ち上がったころから意見の相違が出てきました。

それがきっかけで、生活するうえでもすれ違いが出はじめました。

A

対話を通して、互いの想いを理解し合おう！

ありがとう！　なんとかなる！

夫婦関係も、ほかの人間関係や子どもとの関係同様、まずはよく話し合うことが基本です。議論ではなく、あくまでも対話です。

ことに子どもの受験を控えた家庭では、それぞれがイライラし、子どもとの関係のみならず、夫婦の関係性も悪化しやすいですよね。**夫婦の考えが違うから、なるべくそれに触れないようにしている、という家庭がありますが、それはダメです。**

夫婦の関係が悪ければ、子どもは必ず不安を感じます。父親と母親から違うことを言われたら、さらに不安は高まります。そんな子どもは、顔や態度に出なくても、心の奥底ではいつも不安を抱えているはずです。

子どもの健やかな成長のためにも、夫婦の風通しはつねによくし、不平不満をためない。考えが違っていてもいいので、考えが違うことを理解し合い、尊敬し合う仲になっているべきです。

そのためには、**伝えたいことや相手へのリクエストは、キツく言い放つのではなく、対話です！**

そもそも受験に関しては、子どもを志望校に合格させることを目的にするのではなく、**受験勉強という大きな1つのハードルを経験することで、家族が成長する機会だということを、あらかじめ家族全員で合意しておくことが大切です。**要するに、大目標の共有です。

詳細の考え方は違っていても、大目標への合意を共有していれば、一丸となれます。合意していない家族は、受験戦争に飲み込まれてしまいます。

合格率を見ればわかりますが、受験生の4分の3は落ちてしまうわけです。落ちてしまったことが、まるで家族の挫折のようになってしまったら、元も子もありません。

わが家の子どもたちの受験期にも、私は「受かっても落ちても、どちらでもいいんだよ。どこに行っても、絶対に大丈夫だから」と、ひたすら言い続けました。

このように、**ひとつ上の視点から全体を俯瞰して、何があってもどうなっても大丈夫だと言う「ぶれない人」が、家庭に少なくとも一人は必要なのです。**

大切な受験ですが、たかが受験。あくまでも受験に振り回されないことが大切です。運動会や音楽会などと同じようにとらえてみると、また別の世界が広がるでしょう。

多くの家庭では、日々子どもと接し、子どもと向き合う時間の長い母親が、目の前のことに注力しがちです。たまに父親がかかわろうとすると、「お父さん、あなたはいつもいないのに……」という小言になる場合が多い。

図3-5　夫婦の役割分担をマトリックスに

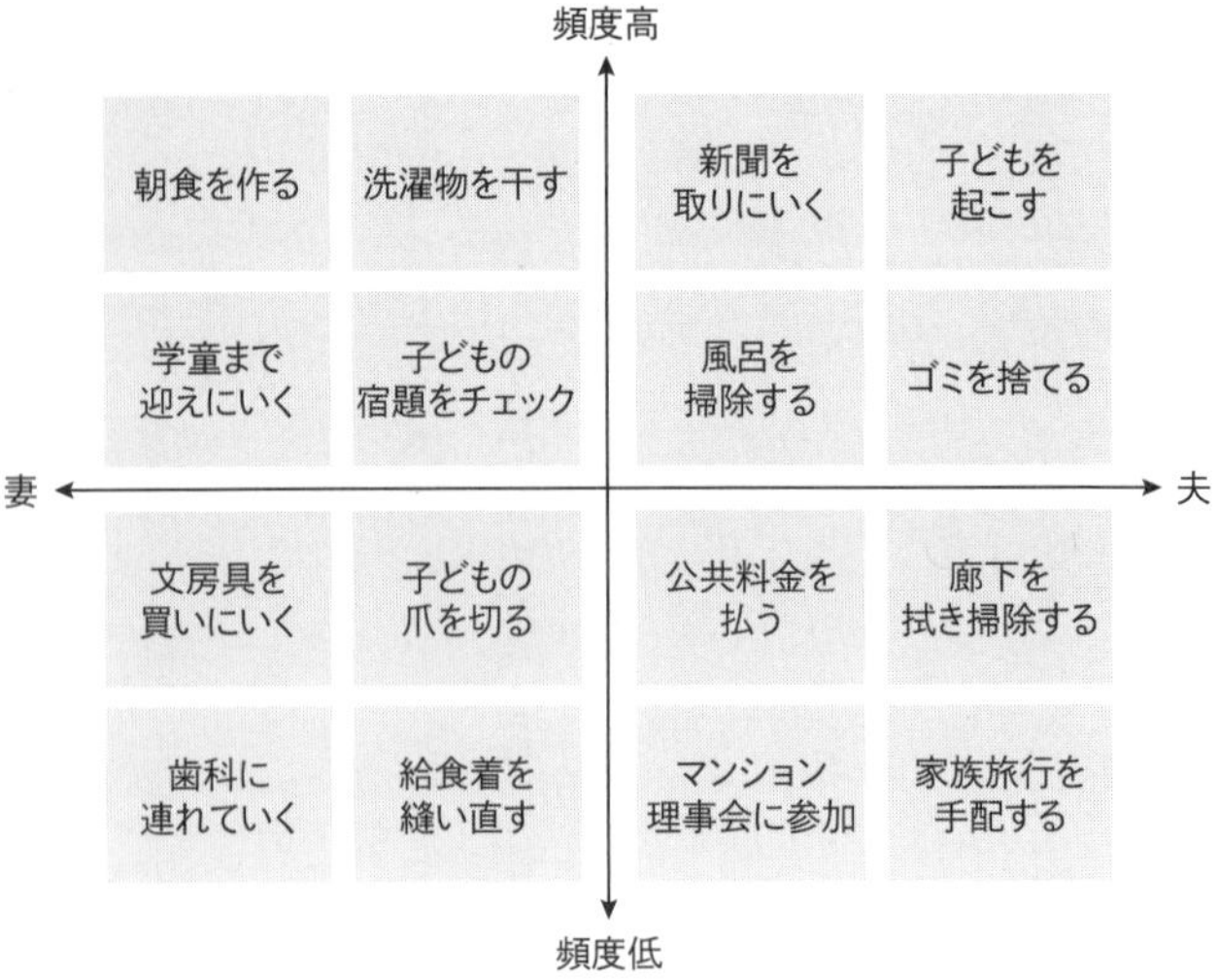

参考：https://select.mamastar.jp/90918

でしたら、**夫婦の役割分担を可視化してみる**ことをおすすめします。たとえば、夫婦それぞれのタスクを、一枚のマトリックス図に書き出してみるのです。

日ごろ、子どもの生活に深く接していない方（主に父親である場合が多いですよね）は、「やろう」という意志はあっても、実際に何をどうしたらいいかわからないということになりがちです。家事や子どものことに関しては、なおさらです。

そこで、**やらなければならないタスクを可視化すると、「いつ・なにを・どうする」が明確となり、家事育児に参画しやすくなる**のです。

おすすめトレーニング法

「傾聴・対話トレーニング」（223ページ）

「フューチャーコラージュ（未来を描く）ワーク」（250ページ）

column 11

母親の視点から③（前野マドカ）
子どもが意志を持って、強く人生を歩むために

みなさんは、愛し方について考えたことはありますか？　わが子は目の中に入れても痛くないほどかわいいものです。けれども、間違った愛し方をすることで、子どもを不幸せにしてしまうこともあるのをご存じでしょうか。

わが子の愛し方は、大きく分けて2つあると思います。1つは、自分の所有物であるかのように愛すること。もう1つは、その子を一人の個人として愛すること。もちろん後者の方が好ましいことはおわかりだと思いますが、時折、両者を混同されている親御さんに出会うことがあります。

子どもはこの世に生を受けたときから、1つの人格を持った存在です。母だから、父だからといって、自分の「もの」のように扱うべきではありません。誰もが「自分らしく」です。

受験期などによくお聞きするのですが、両親の期待をすべてかけてしまったり、100％自分の想いどおりにしたいと思ってしまう。あるいは、「大事な大事な私のもの」のように扱ってしまう……。

このように、「もの」のように扱ってしまうと、成長はストップしてしまいます。小さいけれども、一人の「人」という存在を認めたうえで、自力で人生を歩めるような子に育てる。それが本当の愛です。

「もの」を大切にするように育てた場合、かわいそうなのは子どもの方です。いつまでも親のもとで過ごすわけにはいきませんから、やがては社会に出て自分一人でやっていかなければなりません。なのに、どうすればいいか、誰も教えてくれないのです。

親が子どもを大切にするあまり、人生のレールを示しすぎたり、失敗しないよう先回りして回避させていたら、子どもは親がいなくなったとたん、何もできない指示待ち人間になってしまいます。

もちろん私も母親ですから、子どもが困難に遭遇することをできるだけ回避してあげたいという思いもわきますが、わが子のためを思うならば、失敗や困難と向き合えるしなやかな強さを身につけられるよう育てたいですね。

わが家では、日ごろから子どもたちに選択させるように心がけています。

たとえば、天気予報では雨が降りそうで、今は必要なくても、後々傘が必要だろうなと思ったとき、「傘を忘れないで」ではなく、「天気予報だと、この後雨が降るかもしれないみたいよ」と伝えます。

子どもから何かを聞かれても、すぐに答えを教えるのではなく、「自分だったらどうするの?」と問いかける。または、選択肢を提示して子どもに選ばせる。

自分で選んだ結果、失敗してしまったとしても、自分で意思決定しているので、結果の責任をとることができるのです。

2013年、『WILL POWER 意志力の科学』(ロイ・バウマイスター、ジョン・ティアニー著)という本が出版されました。

この本では、自分をコントロールする「意志力」は、筋肉のように疲労したり、回復したり、鍛えたりできるということが、科学的な知見をもとに解説されています。

「意志」という力が科学的に検証されたことで、人は「意志力」が高ければ、さまざまなことに挑戦し、克服できることが明らかになったのです。

子育てというのは、この「意志力」をいかに鍛えるか、そして「意志力」が疲労してしまったらどう回復させるのかを教えることに近いのかもしれません。

自分自身のキャリア編

4

子どもが成長した後の自身のキャリアに不安を感じる

Q

子どもの義務教育も終わり、そろそろ自分の人生を、と考えはじめましたが、子育て中はパートくらいしか経験しなかったので、今後のキャリアに不安を感じています。

A

自分が本当にやりたいことを仕事にしてみよう！

やってみよう！

平成27年に成立した「女性活躍推進法」。内閣府男女共同参画局のウェブサイトでは、次のように説明されています。

働く場面で活躍したいという希望を持つすべての女性が、その個性と能力を十分に発揮できる社会を実現するために、女性の活躍推進に向けた数値目標を盛り込んだ行動計画の策定・公表や、女性の職業選択に資する情報の公表が事業主（国や地方公共団体、民間企業など）に義務づけられました（常時雇用する労働者が３００人以下の民間企業などは努力義務）。

これを受けて、今後は企業のみならず、国や社会全体で女性の活躍をサポートする体制がどんどん広がっていくでしょう。とはいえ、成立から数年経った今、飛躍的に女性が活躍しているようになったかというと、目立った成果は感じられないように思えます。まだまだ根深い社会課題ですから、みんなで越えていきたいですね。

妊娠、出産、育児など、子育てにおいては、女性の負担が大きくなりがちです。そんななかでも、**ぜひ自分のやりたいこと、好きなことは続けてください。それだけでも幸福度は上がります。**

何も特別なことをする必要はありません。毎日のなかで、ほんの少し自分がリフレッシュやリラックスできること、刺激を受けられることでいいのです。

雇用に関しては、なかなか難しい課題もありますが、たとえば発想を転換してみてはいかがでしょう。雇われることを一生懸命考えるよりも、新しいことをする方が、実は早いかもしれません。

「子育て期が長く、キャリアも何もないわ」という方だって、仕事がないとあきらめないでください。**子どもたちを育て、学校やほかの保護者たちと円滑な関係を築き、さまざまなタスクをこなしてきたという、素晴らしい経験があります。**

また、やりたい仕事がなかなか見つからなければ、あなたがしたいと思う仕事をつくってみてはいかがでしょうか。

自分が本当にやりたいことを仕事にでき、かかわった人たちから感謝され、さらには報酬までもらえたらと考えると、ワクワクしてきませんか？

人生の充実感がまったく違ってきますよね。

私の妻は2人の子どもを出産して以来、家事と子育てにたくさんの時間を費やしてくれました。これは、2人で話し合って決めたことです。

子どもたちが中学生になるまでは専業主婦でしたが、子どもが成長するにつれ、何か自分も社会参加したいと言うようになりました。

妻は、本当に自分がやりたいことが何か、何年も答えが見つからず悶々としていました。もちろん夫婦でたくさん話し合いましたが、なかなか答えが出なかったのです。

しかし、ある日、答えが見つかりました。妻は、その瞬間から、水を得た魚のようにイキイキとしています。

妻の天職を導きだすきっかけは、岡山県総社市で「NPO法人吉備野工房ちみち」という団体の代表をされている加藤せい子さんとの出会いでした。

加藤せい子さんとの出会いは、今から5年ほど前。およそ20年前、専業主婦から一念発起し、自分の中に眠っている各人の素晴らしさを見つけ出す「達人育成」を行うＮＰＯ法人吉備野工房ちみちを立ち上げ、精力的に活動しておられます。

お話を聞き、地域の人々を幸せにする地域活性化活動に大変興味を持ち、ぜひ加藤さんを研究対象にしてみたい、と思いました。

ところが、いざ研究のための取材をと思ったところで、誰に行ってもらうか、という問題が生じました。適任の学生がいなかったのです。

誰かいないかなと探していたところで、「あれ？　もしかしたら、私の妻はこういうことに興味があるかも！」と思い立ったのです。妻に伝えると、大変興味を持ってくれて、話はトントン拍子に進みました。

加藤さんの研究をはじめた妻は、私の勤める大学院に付属する研究所の研究員になり、２年間みっちり幸せについて研究しました。その結果、研究の成果は地域活性学会の論文として世に出ました。それ以来、私の公私にわたるパートナーとして活躍しています。

最近では、自分が経験してきたことをまとめた本も出版しました（『月曜日が楽しくなる幸せスイッチ』、ヴォイス）。今になって振り返ってみると、妻にとっての自己実現のカギは、まさに私と二人三脚で歩んできた幸福学だったのです。

おすすめトレーニング法

「フューチャーコラージュ（未来を描く）ワーク」（250ページ）
「自己受容、自己肯定感アップトレーニング」（252ページ）

column 12

フリーランスで働く人は、幸福度が高い

「新しい働き方を創る」をコンセプトとして掲げ、「どんなに環境が変化しても、誰もが自分の能力を生かしてイキイキと働き続けられる社会の実現を目指す」というビジョンのもと、多様でフレキシブルな働き方を、企業とともに提案している

「Waris」をご紹介します。

たとえば、やる気も能力も非常に高いのに、まだ子どもが小さくフルタイムで働くことが難しい人、知識や経験は豊富だけれど、一社にとどまるのではなく、さまざまなことを経験してみたい人など、まさに働き方のダイバーシティ化を推進したい人々を積極的に支援する活動をされています。

以前、Warisさんからのご依頼で、非常に興味深い調査のアドバイスをさせていただきました。その調査とは、近年増加傾向にある「フリーランス」という労働形態で活躍している方々を対象とした「活躍フリーランスの幸せ度実態調査」（2016年12月実施、2017年5月公表）です。

この調査で明らかになったのは、フリーランスとして働く方々の幸福度は、日本人の平均的な幸福度と比べ、かなり高い値だったということです。もちろん、フリーランスになれば必ず人生満足度が高くなるというわけではありませんが、複合的な要因を並べると、比較的幸福感を感じやすいのかもしれません。

Warisの調査報告書では、「配偶者や子どもを持ち、生活費を自身の収入のみで支えなければならない状況にはない女性」について調査した結果、「一定の就業経験のある子どもを持つ既婚女性にとっては、フリーランスという働き方は、一定の満足が得られるワークスタイルになりうる」と結論づけています。

これはまさに、本書を手に取ってくださっているお母さん、あなたのことなのです！

もちろん、妊娠・出産を経て正社員として復職し、早朝から時間に追われながらもイキイキと働くワーキングマザーも素晴らしいです。専業主婦も素晴らしいです。

ここで私がお伝えしたいのは、現代の働き方は非常に多様であること、そしてどんな人にでも必ずチャンスがあるということです。

誰だって、自分が輝ける仕事が必ず見つかるはずです！　やってみよう！

学校行事と仕事のバランスがとれず、家族にあたってしまう

Q

子どもが小学校5年生で、ＰＴＡ役員になりました。共働きのため、いつも私が仕事を調整するはめに……。

頭でわかっているつもりでも、仕事のことを考えるとイライラして家族（特に子ども）にあたってしまいます。

A

イライラしても大丈夫！　子どもとともに成長しよう。

やってみよう！ありのままに！

いつも妻にほめてもらえるのですが、私は仕事の悩みを家に持ち込みません。もともと、仕事上での悩みがないからなのですが……。

仕事のことでイライラしてしまう方は、それだけ仕事に真剣に取り組んでいる証ですから、なんとかうまく発散できるといいですね。でもまあ、幸福学的見地からする

と、それもいいのではないでしょうか。

イライラしても大丈夫。子どもにあたってしまう自分も含めて、受け入れましょう。ありのままに！

子どもがいろいろと理解できる歳ならば、「今、お母さん（お父さん）は仕事が忙しいの」と素直に伝えてみるのもひとつの手です。

親だからといって、完璧である必要はありませんし、**仕事とはそれくらい本気で取り組むものだということを、子どもに伝えられるいいきっかけになる**かもしれません。

もし、それによって子どももイライラしてきたら、「お母さん（お父さん）がイライラしているから、あなたもイライラしてきたんだよね。一緒にがんばろうね」と、当事者として子どもと向き合うのもいいですね。

解決法が見つかったら、「お母さん（お父さん）、いい解決法を見つけたんだ！（たとえば）一緒に深呼吸しよう！」とシェアし合う。

あるいは、子どもに「あなたはイライラしないからすごいね。どうしたらイライラしなくなるの？　教えて！」と、親子がともに成長するための機会ととらえてみるのもいいでしょう。

やり方は無限にあります。いずれにせよ、**イライラしてしまった自分を受け入れ、自己開示する。**当事者としてオープンに子どもと接し、ともに成長することが大切です。

おすすめ
トレーニング法

「マインドフルネストレーニング」（227ページ）
「感謝の日記」（241ページ）

育児に関する情報が多すぎて、流されそうになってしまう

Q

一人っ子のため、幼いころからいろんな情報をキャッチしながら、試行錯誤で子育てしてきました。

特に小学生になってからは、周りの情報や意見に流されそうになります。自信を持って子育てしたいのですが……。

A

情報に惑わされるのではなく、何よりもまず自分を信じよう！

ありのままに！

情報を信じる必要はありません！　世間に出回っている情報の多くが、誇張されていたり、歪曲されていたりと、どこかしら間違っていることも少なくありません。

大切なのは、**情報を取捨選択して、自分が納得すること。納得した情報だけ取り入れて、そんな自分を信じること。そして、子どもを信じること。**「ありのままに！」

です。

特に受験産業は、志望校に合格させるための巧みな宣伝文句や、玉石混交の情報であふれ返っています。我田引水的なものも少なくなく、ほとんどは総合的な視点に立った物言いをしていません。

広く一般的な人たちへ向けた発信であったとしても、それはどこか偏った視点であることが少なくないのです。だから、まずは本当に信頼できる情報源を見極め、自分で考えて、納得した情報だけを取り入れることが大切です。

情報に流されるといえば、FacebookやTwitterなどのSNSからの情報もまた、人にさまざまな影響を及ぼします。

ピッツバーグ大学医学部の研究チームが、SNSが精神に及ぼす影響について調査を行ったところ、**SNSを頻繁に利用する人ほど、うつ病になりやすいという結果が出たそうです。**

論文（著者はBrian A. Primack）には、「ＳＮＳ上で仲間たちの投稿を目にすることで、自分以外の人たちは幸せでより充実した人生を送っているという歪んだ考えと、うらやましいと感じる気持ちが引き出される」という内容の記述があります。

特に子育て中の親は、自分だけの時間さえ持てないなか、ＳＮＳを通して友人や知人たちの楽しそうで充実した日々の様子を垣間みることで、つい嫉妬や焦燥感を感じてしまいがちです。

そういった感情を抱いてしまう場合は、ＳＮＳで自慢するような人の投稿はスルーしましょう。それを見ることで、**少しでも自分の心がざわついてしまうならば、きっぱり見ることをやめた方がいいですね。**

うらやましいとか、妬ましいという感情は、どこかで人と比べてしまっている自分がいるということですから、**「人を妬む気持ちが出ているなあ」と、客観的にメタ認知してみることも重要です。**

他人の自慢を見ることに時間を費やすのではなく、自分に自信を持つことに時間をかけましょう！

おすすめ
トレーニング法

「自己受容、自己肯定感アップトレーニング」（252ページ）
「マインドフルネストレーニング」（227ページ）
「『メタ認知』トレーニング」（220ページ）

他人の目、よその家庭のことが気になる

Q

友人のお子さんがどこの学校へ合格したとか、こんな賞を取ったなど、SNSなどで目にするたびに焦燥感にかられます。

比べるのはよくないとわかってはいますが、マイペースなわが子を見ると、つい小言を言ってしまいます。

A

「あなたらしく」が一番素敵です！

幸せの第4因子でもある、**「ありのままに！」（独立と自分らしさ）**を意識して過ごしましょう。

自分に自信があれば、他人の目は気になりません。そのためにはまず、自分がやりたいことを見つけて、それに向かって思いきり突き進むことが大切です。

ありのままに！

うまくいかなかったり、忙しくて多少イライラしてもかまいません。自分のやりたいことや、やりがいのある仕事をしているのはとても素晴らしいことなのです。

専業主婦の方ならば、どんなことでもいいので、自分が好きなことをしたり、これ！と思えるようなことを見つけて、それに熱中する。できれば人と少し違っていて、受動的なものではなく、能動的で多少の達成感を味わえるものがいいですね。

キーワードは、**「自分らしさにつながること」**です。

おすすめ
トレーニング法

「自己受容、自己肯定感アップトレーニング」（252ページ）
「ポジティブになるワーク」（233ページ）
「感謝の日記」（241ページ）

column

13

専業主婦でいることに引け目を感じる必要はありません！

母親の視点から④（前野マドカ）

私自身、子育て中は特に仕事を持っていませんでした。ですから、子育てだけに傾倒してしまいそうになったり、日々の生活に追われて「私って何だろう？」と、お母さんとしての自分しか見えなくなってしまいがちでした。

振り返ってみて感じることは、意識の持ち方がとても大切だということです。自分のやっていることには意味があると感じ、子どもと過ごす時間をとことん味わいたいという思いで子育てをしている方は素敵です。

一方、何のためにやっているのかをしっかりと意識せず、日々の雑事に追われながら、何となく流されるように子育てをしているとしたら、それは子どもと母親、両者にとってよくないですね。

子育てにおける重要な時期はある一定期間ですので、納得したうえでとことん子育てに専念し満喫するのは素晴らしいことだと思います。そうではなく、キャリアのことや、ほかの雑念が気になるならば、子育てをしながらいろんなやり方でキャリアを形成する方がいいでしょう。

家族が協力すれば両立することもできると思うんです。


子育て期において重要なことは、自分自身がどれだけ納得できているかを、要所要所でしっかりと認識することではないでしょうか。

自分が納得するためには、子どもと同じように、自分の存在価値や、自分のしたいこと、自己肯定感をしっかり持つことが大切です。それができている女性ならば、今は子育てに専念していても、子育てが一段落した後は十分に社会参加できると思います。焦らなくても、大丈夫。

逆に、働きながら子育てをしていて、子どもと接する時間が短いことに罪悪感を感じるという方がおられますが、自分を責めなくても、大丈夫。


子育てで大事なのは、子どもにかける時間ではありません。時間の長さではなく、子どもとともに過ごす時間を、どれだけ想いを乗せて有効に使えるか。濃さが重要です。

四六時中一緒に過ごしていても、子どもに注意が行っていなければ、それは一緒にいることにはなりません。逆に、子どもと一緒にいる短い時間を満喫しつくせば、仕事と育児の両立もできます。

兼業と専業。自分が納得して満喫していれば、どちらでもいいのです。

実はそこに気づくのに、私も時間がかかりました。私自身は、仕事は持たず、PTA活動をしながら子育てをしていましたので、ビジネスという面では社会に参加していないと少し負い目を感じていました。

ところがあるとき、夫から「その考え方は間違っている」と言われたのです。

そして夫は、こう続けました。

「専業主婦は、それ以外の家族がしっかりと生活できるために、家の仕事をしっかりしているのだから、夫と役割を分担して働いていることに相当する。

僕は、マドカのおかげで外で安心して働けるんだから、もっと自分に自信をもって！　一点の曇りもなく、引け目を感じる必要はまったくない」、と。

その言葉を聞いたとき、「あ、そうか」と思いました。


確かに共働きの家庭だと、夫婦で協力しなければなりません。専業主婦の場合も実は同じで、夫が１００％仕事に注力できるのは、妻が１００％家事に注力しているからなのです。分担なのです。

夫はさらに言いました。


「離婚したら（僕らはしないけど）、財産の取り分は、夫と妻と、半々。これは、どういうことかというと、もしも専業主婦だとしても、夫の収入の半分相当分は妻が仕事として得たのと等価とみなされるということ。

つまり、マドカの専業主婦としての対価は、少なくとも僕の収入の半分の価値があるということだ。もちろん、僕の仕事の対価は、マドカの分担分を引いた、残りの半分」

夫の収入を2で割って、2人が同じだけ働いていると考えてもいいんだ。法律上は、そうすべきなんだ。

そう思ったら、すごく気が楽になるばかりか、誇らしい気分になりました。

私は子育てを存分に楽しみたかったので、子どもの手が離れるまでは専業主婦でいました。そして、子どもたちに手がかからなくなったとき、自分の残りの人生をどうしようかと考え、今の活動を始めました。

子育て中は時折、これでいいのかな、何かしなくていいのかな、と思うこともありました。でも、子どもは成長し、中学生くらいになったら多かれ少なかれ親の手を離れてしまいます。

その後は目さえかけていればいいので、時間がたっぷりできるとわかっていました。そんなちょっとした知識のおかげで、子育て期を思いきり満喫することができたのです。

そして、子どもが中学生になってからは、子どもたちには、母親の後ろ姿を見せています。いかに、自分がイキイキと前向きに過ごし、好きなことをしているか。いかに、そういう母親の姿を子どもに見せるか。

これらが大切だと考え、私自身も子どもたちに負けず、ワクワク、キラキラしながら毎日を過ごしています（第1因子）。

第4章

幸せな子育て期を過ごすためのトレーニング＆ワーク

子どもの顔を見るたび、つい小言を言ったり、ほかの子と比べてみたり……。日々、子どもと接しているお母さん、お父さんは、わが子の良さをのばしたいという思いから、イライラしても当然かもしれません。

ここまでいろいろと解決策を探ってきましたが、ぶっちゃけた話、小言などは、子どもを傷つけない程度ならば言っても大丈夫ですし、むしろ「また言ってあげたわ」くらいに楽観的にとらえればいいんです。

言われた子どもは、そのおかげで育ちますからね。「ありのままに!」です。

イヤな感情をためることの方が健全ではありませんから、怒るときには、その感情を満喫し味わうくらいでちょうどいいのです。

とはいえ、できればイライラせず機嫌よく過ごしたいですよね。実は、トレーニング次第で幸せな気持ちを得られることが知られています。つまり、練習次第で幸せな気持ちを高められるのです。

といっても、実際に実行し、持続させるにはコツがいりますから、ぜひこのページを開いた瞬間からトレーニングしていきましょう。

ここでは、本書に記した基礎的スキルを獲得できるワークをまとめました。一人で取り組むものから、子どもやパートナーと取り組むものまであります。

自分の心のあり方、物事の受け止め方をほんの少し変えるだけで、幸せ度はグンとアップしていくということを、ぜひ実感していただきたいと思います。

「メタ認知」トレーニング

1

メタ認知の「メタ」とは、「上の」とか「~を超えて」という意味です。つまり、メタ認知とは、**自分の認知よりももう1つ上のレイヤーから自分の認知を認知する**ということです。

親は子どもの成長のため、日常生活を通して社会というものを教える役目を担っています。だからこそ、伝えなければならないことと、想いどおりにいかないことの狭間でいら立ちを感じてしまいます。

ですから、イライラするのは当たり前。この、「イライラする」というのが認知です。

このとき大切なのは、**イライラしている自分を俯瞰する余裕を持つことです。**

イライラしている自分を俯瞰的に上から見て、「あ、いま私、イライラしているな」と客観的にとらえるのがメタ認知です。**メタ認知をすると、不思議とイライラが収まります。**

たとえば、子どもを怒るとき。

メタ認知できていない人は、感情のおもむくまま、短絡的に怒りをぶちまけます。

一方、メタ認知できている人は、「今、自分は怒っているんだ」ということを認識しながら怒ります。

このメタ認知ができるようになると、たとえイラッとしても、**「ああ、私はいま、イラッとしたんだな」と、ひと呼吸置くことができ、「じゃあ、最善の対応は何か」と思考の転換ができるようになります。**

スポーツと同じで、練習することでどんどんうまくなりますよ！

「メタ認知」トレーニング

① イラッとなったり、怒ったりしてしまうときの感情をイメージしてみる
② その感情を客観的に味わいながら、ゆっくりと呼吸する
③ そして、これまでとは違う言い回しを考えてみる

「イメージトレーニング⇅実践」を繰り返すことで、イライラのループから抜け出せる可能性が高くなります。

このトレーニングは、**平常時に子ども相手に「練習してみていい？」と言って、子どもを巻き込んでみるのも効果的**です。

5秒我慢トレーニング

イライラしてもいいんだという前提のもと、いら立っている自分を客観的にとらえてみましょう。一日の感情を振り返ってみて、自分の気持ちをリスト化したり、日記に書くのも効果的です。

怒りたくなったら、まず5秒我慢です。**我慢している間に冷静になれて、メタ認知がしやすくなります。**どうしても子どもを叱らなければならないときも、叱っている自分を客観的に観察しながら、演技をするように叱ってみましょう。

ほかにも、**「こうなりたい！」という理想像をつねにイメージし続けたり、「私はすでにいい母親（父親）だ！」と思い込む**ことも、自分を客観的に感じられるので、良いメタ認知トレーニングになります。

また、**相手の立場に立つのもメタ認知**です。自分の発言に対して、「相手はこう思っているだろうなー」と考える習慣をつけましょう。

もちろん、人の目を気にして心配するためではなく、双方にとってより良い答えを探すために、です。

傾聴・対話トレーニング　2

誰かの話を聞くとき、多くの人は「次はこんなことを言おう」とか、ある種の評価・判断・思考をしているのではないでしょうか。

本格的な傾聴では、そういった自分の「想い」を手放すトレーニングをします。最初は難しいので、**何か適切な質問をすることに集中するのもいいトレーニングになります。**

たとえば、その人の話を、好奇心を持って聴き、その話をより深く聞き出すためにどんな質問をしようか考えてみてはいかがでしょう。子どもとの会話の中では、**「5W1H」**をベースに考えるといいかもしれません。

子「お母さん、今日友だちとケンカしたんだ」

母「へえ、そうなんだ。なぜ（Why）ケンカしちゃったの？」
子「ぼくが読んでいた本を、急に取り上げたんだよ」
母「そっか。それはイヤな気持ちになったね。どうして（Why）その子は取り上げたのかな？」
子「きっと、その本を読みたかったんだと思う」
母「その子も読みたかったんだ。その本は何ていう本（What）なの？」

……という感じです。

あくまでも、問い詰める感じではなく、**好奇心を持って聞いている感じが重要です。**

子どもと同じ目線でも、そうでなくてもかまいません。親は親ですから、兄弟や友だちのように振る舞う必要はありません。

イメージとしては、自分らしく、オープンでフラットな感じ。**「私は親だから、こうあらねばならない」といった、「ねばならない」の気負いは必要ありません。**自分が感じたままを伝えれば、それが子どもの心に響きます。

子どもの話を、わくわくしながら聞いてみましょう！

能動的に「聴く」ということは、ペーシング（相手と歩調を合わせる）し続けることでもあります。最適な質問を投げかけることで、そこからさらにリーディング（相手を新たな世界にリードする）へと進むこともできるのです。

第2章でも述べたように、対話をするうえでのポイントは、**①聴く（listening）**、**②尊重する（respecting）**、**③保留する（suspending）**、**④声に出す（voicing）**、の4つであることが知られています（83ページ）。

これらを意識しながら、お互いの理解を深めようというオープンマインドな姿勢でのぞみましょう。

マインドフルネストレーニング／3

あなたは今日一日のなかで、自分の心と向き合う時間を取りましたか？

マインドフルネスとは、**「今ここ」に集中し、内なる自分の声に耳を傾け、ありのままを認識している心の状態**を指します。

もともとは、仏教において涅槃《ねはん》にいたるための8つの実践方法である「八正道」の中の「正念」に端を発します。「正念」には、その一瞬一瞬に集中し、判断を手放し、内なる自分に気づくという意味合いがありますから、マインドフルネスと同義だと考えられています。

仏教では、瞑想を行うことによってマインドフルな状態になることを目指すのが一般的です。

私は、マインドフルネスは幸福学の一部だと考えています。また、瞑想は必須ではないと思います。

幸せの第2因子の「ありがとう!」因子（つながりと感謝）は、「幸せホルモン」と呼ばれるセロトニン、オキシトシンが出ている状態です。これはマインドフルな状態と同じだと思います。

また、マインドフルネスの「今ここに集中する」ということは、幸せの第4因子「ありのままに!」因子（独立と自分らしさ）と同じく、「自分らしくある」状態だと思うのです。

つまりマインドフルな状態とは、幸福学における第2因子と第4因子が同時に得られていることなのです。ですから私は、**マインドフルな状態であることは、幸せをつくるためのベースづくり**だと考えています。

子育て中は、毎日が目まぐるしく過ぎていく、まさに怒濤の日々です。だからこそ、子育て中の方にこそ、マインドフルネスを意識していただきたいと思います。

やり方はとても簡単ですし、いつでもできます。**電車の待ち時間や電車の中、眠る**

前のわずかな時間でもかまいません。

今日一日あったことや、感じたことのすべてを手放し、自分の内側からわき上がる感情や感覚を味わってみてください。

もっともシンプルなマインドフルネスの方法を以下に記します。

○まずは環境を整える

① 集中できる場所を選ぶ（できれば、一人になれる部屋が好ましい。ベッドの上などでもＯＫ。できるだけ静かな場所がよい）

② 寒すぎず、暑すぎず、快適な環境であること

○次に身体を整える

① 楽な姿勢で座る（立っても、横になってもＯＫ）

② 背筋を伸ばし、心地よい位置を決める

③ 肩の力を抜き、目を軽く閉じる（半目を開けていてもＯＫ）

④ 呼吸を意識する

○ポイントは3つ

① 今、ここに
② 意識を向けて
③ リラックスする

悩みやイライラのことを気にせずにリラックスして、「今ここ」に入れたならば大成功です。

もし、**いろいろなことが頭の中を駆けめぐったら、メタ認知して元に戻ってください。**つまり、「ああ、今、悩みやイライラや、いろいろなことが頭を駆けめぐっているなあ」と思い、また呼吸に意識を向ければいいのです。

もう1つ、「コンパッション」（慈悲、他者への思いやり）のマインドフルネスもご紹介しましょう。

先ほどと同じくリラックスしながら、次の言葉を念じてみてください。それだけで優しい気持ちになれるはずです。

私が幸せでありますように。私の苦しみが和らぎますように。私の願いがかないますように。私の心が最高の幸せで満たされますように。

私の大切な人たちが幸せでありますように。私の大切な人たちの苦しみが和らぎますように。私の大切な人たちの願いがかないますように。私の大切な人たちの心が最高の幸せで満たされますように。

世界中の生きとし生ける者が幸せでありますように。世界中の生きとし生ける者の苦しみが和らぎますように。世界中の生きとし生ける者の願いがかないますように。世界中の生きとし生ける者の心が最高の幸せで満たされますように。

ポジティブになるワーク／4

人は時として、不幸を周りの人や環境のせいにしがちです。けれども、心の持ちようで180度変わることもあります。**自分を肯定し（自己肯定）、他人の良いところを見て（他者肯定）、できるだけ否定的な言葉を発しないよう意識しましょう。**

もちろん、ポジティブになるためにといっても、無理にポジティブなことを思い浮かべようとする必要はありません。

冒頭でも触れましたが、心と身体はつながっていますから、普段の姿勢や動作を少し意識するだけでも変わってくるのです。

①　上を向いて歩く（＝うつむいてばかりいない）

坂本九さんの「上を向いて歩こう」という有名な歌がありますが、**上を向くと本当にポジティブな気分になるという研究結果もある**のです。

なぜなら、上を向くことで気道が広がって深い呼吸ができ、前向きな気持ちになります。さらに周りの景色や自然に目線がいくので、リフレッシュにつながるのです。

同じように、胸を張り、自信がみなぎるような姿勢も効果的です。

②　たくさん笑って、いつも笑顔でいる

言わずもがな、笑顔でいると、自分だけでなく、周りにも幸せをおすそ分けできます。また、笑うことで前頭前野の血液量が増加し、副交感神経が優位になります。す

ると、**「幸せホルモン」と呼ばれるセロトニンの分泌が促進される**のです。

口角を上げるだけでもいいといわれることもありますが、**作り笑いではその効果は小さいようです。**

作り笑いは不自然なので、見る人が見るとバレます。だから、口角を上げるというような形だけのアプローチではなく、まず楽しく幸せなことを考えてみてください。つられて口角が上がり、笑顔になったなら、本当のステキな笑顔です。

③ 呼吸を意識する

緊張や不安、怒りの感情が表れているときは呼吸が浅くなっています。このようなときはネガティブな思考ばかりが頭をよぎりがちです。

一度、自分の呼吸を意識して、身体のすべてを使って深呼吸してみましょう。深く吸うより、深く吐くことに気をつけてください。両手を上げて空を仰いだり、背伸びをするのも良い方法です。

④ 毎晩、眠る前に、今日あった良いことを3つ言う

眠る前の時間は非常に大切です。一日をリセットするとともに、その日良かったことやうれしかったこと、幸せだと感じたことをいくつか書き出したり、口にしてみましょう。

一人で行うのもいいですが、**子どもやパートナーと伝え合うのもおすすめ**です。できれば、そのときの感情を思い出し、うれしい気持ちや幸せだと感じたことを再実感できるといいですね。

⑤ リセットアイテムを決める

つらいこと、イヤなことがあると、その気持ちを長い時間引きずってしまいがち。

そんなときには、お気に入りのアイテムでリセットする方法もいいですね。

自分の好きなもの、たとえばチョコレートやコーヒー、ハーブティーなどをあらかじめ用意しておき、**「気分が落ち込んだときには、これを食べれば（飲めば）心をリセットできる！」と心に暗示をかけておきましょう。**

脳はだまされやすいですから、それを口にすることで気持ちを変えることができるのです。

⑥ STOPネガティブワード

みなさんは、誰かに何かを伝えるときに、注意していることはありますか？

私は仕事柄、授業や講演、大勢の人と話す機会が多いのですが、その際に気をつけていることがあります。それは、**ネガティブな表現を使わないことです。**

a「△△をしてはダメだよ」
b「○○はいいね。でも、△△はダメだよ」
c「○○はいいね。さらに△△を☆☆にしたらもっといいんじゃない？」

a〜c、どの言い方がベストだと思われますか？

aは完全否定。言われた方も嫌な気持ちになりそうです。bは肯定しつつ、否定もする。aよりは柔らかい印象ですが、それでもダメ出ししているのは事実です。完全肯定と助言からなるcはいかがでしょうか。「そうか、もっとこうしたらいいんだ！」と明るい気持ちになれますよね。

どれも同じことを伝えようとしているのに、ちょっとした言葉の工夫で、相手の気持ちを変えてしまう力が生まれるのです。

すべての会話はcでできます。ネガティブワードゼロです。みなさんも、ネガティブワードなしの会話を目指してみてください。

⑦「I can / I like / I have / I am」ワーク（ポジティブ心理学者イローナ・ボニウェルによる「レジリエンスを鍛えるプログラム」から）

「自分にできること、困難な出来事を克服したこと」（I can）／「自分の好きなこと、大切な人やもの」（I like）／「自分を応援してくれる人、友だち」（I have）／「自分の強みや得意なこと」（I am）を紙に書いてみます。どんな些細なことでもＯＫ。

たとえば、「私／僕は、卵焼きを上手に作ることができる」「私は旅することが好き」などです。**たくさん書くことで、自分にはできること、好きなもの、サポーター、強みがたくさんあると再認識することができます。**

5

その他、一人でできるトレーニング＆ワーク

①　満喫力を高めるトレーニング

その瞬間瞬間を思いきり満喫することは、幸せ気質への近道でもあります。満喫力を高めるためには、**今、この瞬間を楽しむ練習が有効**です。

たとえば、感動的な映画を観るとします。あなたは、ぐっと涙をこらえながら観ますか？　それとも、感情の赴くままに涙を流しますか？

満喫するということは、そのときの感情を味わいつくす、ということでもありますから、月に一度くらいは、思いきり（感動で）泣ける機会をつくるといいですね。

② 感謝の日記

その日あった出来事のなかで、うれしかったこと、感謝したこと、幸せを感じた瞬間など、ポジティブなトピックスを中心とした日記を書いてみます。

夜、眠る前のひとときにこのワークをするのがおすすめですが、心を落ち着けて、その日を振り返る時間を持てるタイミングならいつでも大丈夫です。

③ 愛、感謝、ほめ言葉を伝える練習（言葉に出す練習）

日ごろから、子どもやパートナー、両親などに感謝や愛を伝えていますか？　ほめたり、エンカレッジ（励まし、勇気づけ）したりしていますか？

ほめられると、子どもでなくともうれしいものです。毎日接する家族だからこそ、惜しみない賛辞や愛のメッセージを！

④　ありのままに受け入れる練習

生きていると、日々いろんなことがあります。けれどもそのどれもは、死ぬことに比べたら大したことではありません。

たとえわが子が「えっ!?」と思うようなことをしたとしても、「この子らしくやっているんだなあ。ああ、こういう力が伸びているんだ」と、ありのままにとらえてみましょう。

⑤　イラッとしてしまったときの練習

・物理的に離れてみる

子どもやパートナーと言い争ってしまった、もしくはひどい言葉を言ってしまいそうだと感じたら、物理的にその場から離れるという手があります。

離れることで、お互い冷静になれますし、必要以上に傷つけるのを防ぐこともできます。

・イラッとくるメールは、すぐに返信するのではなく、一晩寝かせてみる

イラッとした状態で返信してしまうと、普段は書かないような攻撃的な文章になってしまうおそれがあります。

まずは一晩寝かせてみて、翌日、リセットしてから返信しましょう。

・「イラッとした」「イヤだな」と思ったら5秒待つ

イヤなことがあったり、いら立ってしまったら、まずは5秒待ちましょう。そこで**少し視点を上げ、全体を俯瞰してメタ認知するのです。**

自分はイヤだと思っているな、イライラしているなという感情を味わうことで、イヤな気持ちやいら立ちがおさまることもあります。

・「ねばならない」という自分を超越する

「○○しなければならない」という想いを少し手放すことも大切です。往々にして「ねばならない」は、自分に必要以上の枠をはめてしまいます。時には、こだわりを手放し、ゆったりとした気持ちで、自分を癒してあげましょう。

⑥　心のデトックスをする練習

あなたはストレスを発散していますか？　たまにはサボったり、いつもとは違うことをしてみたりと、気分転換をしましょう。

ただし、**サボったときに後悔は禁物**です。中途半端な気持ちでするのは、かえって逆効果です。やるときは、思いきりサボりましょう！

⑦　多様なことを試す練習

いつも同じレストラン、いつも同じ道、いつも買うお店……ではなく、時には冒険心を発揮し、新しいレストラン、新しい道、新しいお店に挑戦してみましょう。

6

家族の絆が深まるワーク

ここからのワークは、複数人で取り組むことをおすすめします。親子、パートナー、友だちどうし、家族全員など、人数も属性も自由でかまいません。

①　家族のためのハッピーワーク

参加者が、ポジティブに感謝をし合い、夢を語り合うなど、**「幸せの4つの因子」を体感するワーク**です。このハッピーワークは、対話の練習にも有効です。

1　未来に成し遂げたい夢や目標を、身近なことから壮大なことまで、3つ書く。

2　1で書いたものを、参加している人たちでシェアし合う。
3　※　ここで重要なのは、否定も意見もしないこと！　傾聴です!!
感謝していること・モノを3つ書く。対象は、人でもモノでも何でもOK。
なぜ感謝しているのかという理由も加える。
4　3の内容をシェアし合う。
5　自己受容できていない点を反転させて、「なんとかなる／する」「気にしない」
「～のように改善する」といったポジティブフレーズに書き換えてみる。
6　5の内容をシェアし合う。

◎　**バリエーション**

家族間（親子、パートナーなど）でする場合には、3の「感謝していること」の対象を、夫・妻・子などに決めてもいいですね。

そして、ワークが終了した時点で、それぞれへの感謝を紙に書き、その内容を読み上げるとともに、紙を交換するとさらに幸福度が増加します。その効果は、58ページ以降でご紹介したとおりです。

第3因子／「なんとかなる！」因子（前向きと楽観）

あなたが前向き／楽観的に取り組んでいることを3つ書き出しましょう。

1

2

3

第4因子／「ありのままに！」因子（独立と自分らしさ）

普段、ありのままにできていないことを「自分らしく～する」「気にしない」など、ポジティブフレーズに書き換えてみましょう。

1

2

3

ハッピーワークシート

自分の心と対話しながら、このシートを埋めてみましょう。

第１因子／「やってみよう！」因子（自己実現と成長）

あなたの夢や目標を、身近なものから壮大なものまで３つ書き出しましょう。

1

2

3

第２因子／「ありがとう！」因子（つながりと感謝）

感謝していることやモノを３つ書き出しましょう。
（家族や友人、職場の同僚や学校の仲間など、何でもOK）

1

2

3

出典：前野隆司『無意識の力を伸ばす８つの講義』132、133ページより引用、改変

② フューチャーコラージュ（未来を描く）ワーク

「フューチャーコラージュ」とは、**潜在的な夢や目標を見える化するための方法**です。気になるものごと、ワクワクするものごとをビジュアルに落とし込むことで、それまで漠然としていた夢や目標を可視化することができます。

◎ **用意するもの：**
白い大きな画用紙、気になる写真や雑誌。自分の憧れやなりたい姿、行きたい場所、好きなモノ・ヒト・コトに関係しそうな写真や雑誌。

文房具（鉛筆や色鉛筆、ペン、のり、テープ、はさみ、カッターナイフなど）

◎ **作り方：**
1　気になる写真や雑誌を切り抜く。具体的な夢や目標を考えてもいいですが、そ

2020!

れよりも、**無意識のうちになんとなくワクワクするもの、ドキドキするもの、気になるものを選ぶのがおすすめ**です。

2　切り抜いた写真や雑誌を画用紙の上に切り貼りする。絵を描いてもＯＫ！
3　完成したら、全体を見て、何を意味するかを感じ、考える。
4　参加者どうしでシェアをし合う。

このフューチャーコラージュは、無意識の中にある潜在的な夢や目標を可視化する方法ですが、もっと具体的に、すでに意識的に明確化された夢や目標を可視化する方法として、「ドリームマップ」や「宝地図」があります。

③　自己受容、自己肯定感アップトレーニング

「自己受容」とは、自分自身を受け入れることです。**自分のいいところも悪いところも、ありのままを受け入れている**状態を、自己受容ができているといいます。

誰しも、自分の欠点や好きになれない点、直したいと思っているところがあると思います。けれども、そんな欠点もイヤなところもひっくるめて、大切なあなた自身なのです。

ぜひ落ち着いた気持ちで、1つひとつ「これも私なんだ」と受け入れてみましょう。そして、以下のトレーニングを毎日の習慣にしてみましょう!

1　3つの良いこと

子どもやパートナーと、今日一日の良かったことやうれしかったこと、うまくいったことなどを3つずつシェアし合い、**「すごいね!」「よかったね」など、肯定的な言葉を伝える。**

2　ハグタイム

私の友人の高木さと子さんは、「日本ハグ協会」（公式サイト：http://hug.sc）という団体を立ち上げ、現在代表として全国を飛び回っています。

この日本ハグ協会は、「ハグで世界を元気にする」というミッションを掲げ、ハグ、つまりスキンシップの重要性を伝えています。
きっかけは、ご主人をがんで亡くしたこと。「人は、愛する人がいるうちに、愛する人ともっと触れ合うべきだ」というビジョンのもとに立ち上がった素敵な女性です。

彼女の考えた「ハグニケーション」という造語には、「人を励まし勇気づけるための愛情や親愛の気持ちを、言葉や表情、行動で示すことにより、相手の行動を後押しできるようなかかわり。ほほえむ、挨拶する、ほめる、認める、握手する、ハイタッチする、ハグする、相手のためなら叱ることもハグニケーションである」という意味が込められているそうです。

科学的見地からも、**安心できる人からハグをされると、「幸せホルモン」と呼ばれる物質の1つ、βエンドルフィンが分泌される**ことがわかっています。

人は誰かに受け入れられることで、自分の存在意義や自己肯定感を育みます。しかし、言葉だけではそれはなかなか伝わらないものです。**目に見え、身体で感じられるハグ（スキンシップ）は、簡単でわかりやすい愛情の伝え方**なのです。

◎日本ハグ協会監修「日本流ハグの作法」

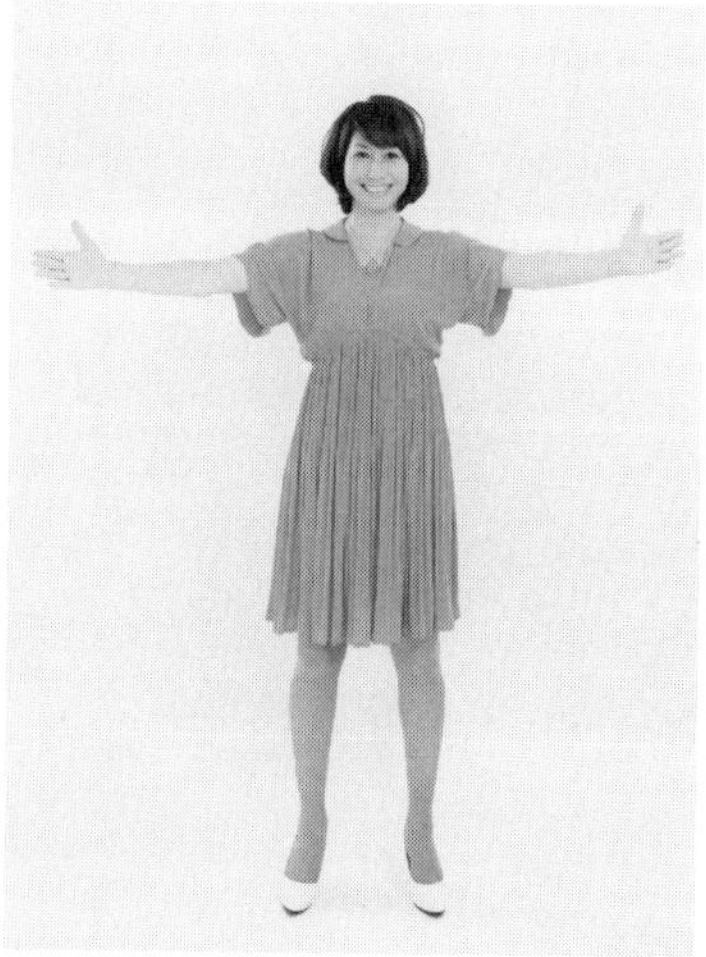

1　両手を広げる

①　足を肩幅に開く

②　目の前の人を心から大切に想う

（←ここが大切）

③　自分の一番の笑顔をプレゼント

④　大きく両手を広げる

⑤　相手が飛び込んでくれるまで微笑む

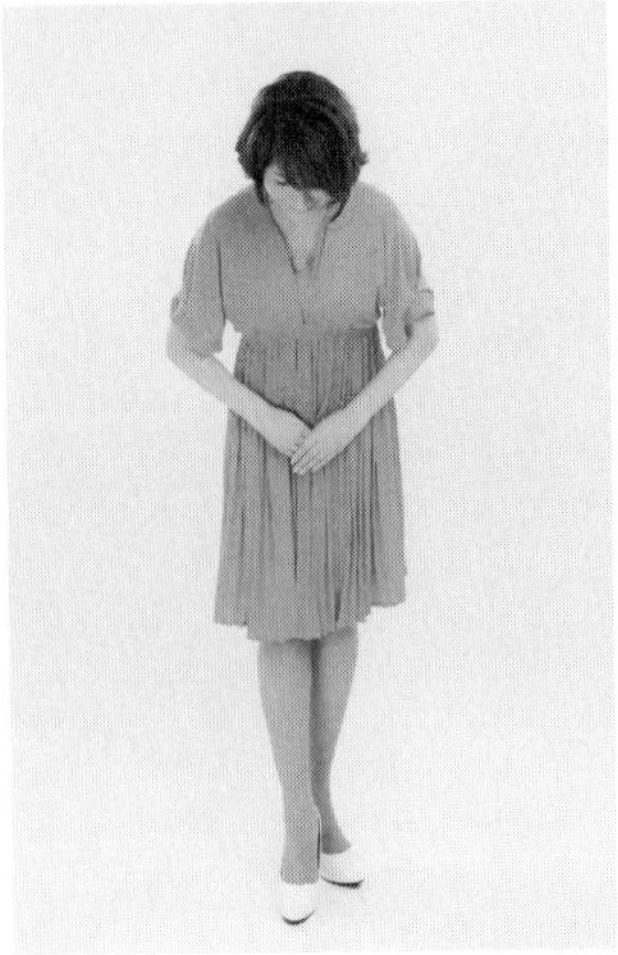

2　握手

このとき大事なのは、**ハグは強引にしないこと。**

もし相手の反応がなければ、握手をしたり、感謝を言葉で伝えましょう。

相手に選択してもらうこともハグの大切なポイントです。

3　お辞儀

お辞儀は日本の文化です。

頭の一番弱いところを相手に見せ、敬意を表します。

高木さんのアドバイスによると、**思春期には部活で疲れたあとのマッサージなど、自然な形でのスキンシップもおすすめ**だそうです。

もちろん、お子さんの年齢や気分によっては、触るのも目を合わすのも拒絶することもあるでしょう。そんなときは「まあ、いいか」で、さらりと流しましょう。

また、これはオーガニック素材のハンドクリームや抗菌ジェルなどを取り扱う「たかくら新産業」の高倉健社長のアイデアなのですが、受験期など子どもが敏感なときにこそ、ハンドクリームや抗菌ジェルを塗る「ふり」をして、スキンシップを図るという裏技もあります。

④ 幸せが増す休日の過ごし方

せっかくの休みだからと、前の晩は夜ふかしして、翌日はいつまでもベッドの中でダラダラとしている……。たまにはそんな過ごし方もいいでしょうが、できれば朝日を浴びて、気持ちよく一日をスタートさせたいですよね。

休日には、ウィークデーにできないことにチャレンジすると、より幸せ度がアップします。毎週どこかに出かけなくとも、地域清掃やボランティア活動、子どもと一緒に身体を動かすなど、身近でできることはたくさんありますよ！

・ワクワクすることを見つける

どんな小さなことでもいいですから、自分が心から楽しいと思える趣味や、没頭できるモノ・コトを見つけましょう。ちょっとした達成感が幸せをもたらします。

・体を動かす

ある一定量の運動で、幸せホルモンと呼ばれる「セロトニン」が分泌されることがわかっています。体を動かすことは健康にもなりますし、一石二鳥です。

・家族を大事にする

幸せであるためには、一番身近な人、つまり子どもやパートナーとの関係性が重要です。**幸せは伝染します**ので、自分が幸せであれば、家族も幸せになれるのです。

・自然に触れる

自然と触れ合うことも、幸福度や健康の向上にいいことが知られています。

⑤　一日の終わりにチェックしてみよう！

一日の終わりに次の項目をチェックすることで、あなたの幸せ度が高まります。子どもと一緒にすることで、親子の絆もさらに深まります！

□今日のよかったことを3つずつ伝え合おう
□新しい出会いや挑戦したことをシェアしよう（たとえば、新しいレシピに挑戦、など）
□今日、何回笑った？　どんなことで？　と、笑った内容をシェアしよう
□明日はどんな一日にしたいかイメージしよう

⑥ 幸せな子育てのための10の心得

子育てに我慢は禁物です！　以下の10の心得を目安に、あなたらしい子育て法を確立してみてください。

1　思いきり感動する
2　思いきり怒る／演技で怒る／じわじわ怒る（メタ認知しながら）
3　共感する
4　とことん遊ぶ／一緒にサボる
5　傾聴する
6　エンカレッジする
7　思いきりほめる
8　笑いとばす

9　思いきり泣く

10　やりすごす／手放す

第5章

幸福学×「システム×デザイン思考」で、子どもと一緒に「今」と「未来」を描く

第1章から第4章まで、子育てにまつわる問題や課題に対して、幸福学的視点からその対処法と予防のトレーニングについて考えてきました。

ここからは視点を変え、私のもう1つの研究テーマである「学問分野を超えたシステム×デザイン思考」と子育てを結びつけてみたいと思います。

一見、難解と思われがちな「システム×デザイン思考」ですが、この思考法を取り入れることで、日々浮かび上がる課題や問題についての解決法が、よりスムーズに見つかることが期待できます。

これから先、子育て上で困ったことが起きたら、ぜひこの考え方を思い出してください。

システム思考、デザイン思考とは

1

ここでは、「システム思考」と「デザイン思考」の特性について説明するとともに、それらを日々の生活の中でどのように活かせばいいかをお伝えしていきます。

一見、両者ともに子育てとは関係のないように思われがちですが、実はこれらを組み合わせることで、よりサステイナブルで豊かな発想が生まれるのです。

拙著『システム×デザイン思考で世界を変える』（日経ＢＰ社、２０１４年）より、少し抜粋してみます。

広い意味でのシステム思考とは、物事をシステム（要素間の関係性）としてとらえることです。

デザイン思考とは、観察（オブザベーション）、発想（アイディエーション）、試作（プロトタイピング）を何度も繰り返しながらチームで協創するイノベーティブな活動を指します。

つまり、「システム思考」では、課題となるテーマの一部分だけに注目するのではなく、その周りの要素やそこに付随する要素にも注目します。さらには、俯瞰して全体を包括的にとらえます。「木を見て、森も見る」です。すると、立場や物事のとらえ方が豊かになり、その課題に対して多面的にアプローチできます。

一方、「デザイン思考」とは、課題となるテーマの根本的な問題を徹底的に知ることからスタートします。なぜなら、「その問題は本当に問題なのか？」という見極めが必要だからです。

なかなかイメージしにくいと思いますので、簡単な例を挙げましょう。テレビが壊れてしまい、修理に出すか、新たに購入するか、という問題があったとします。

図5-1　システム思考とデザイン思考の概念図

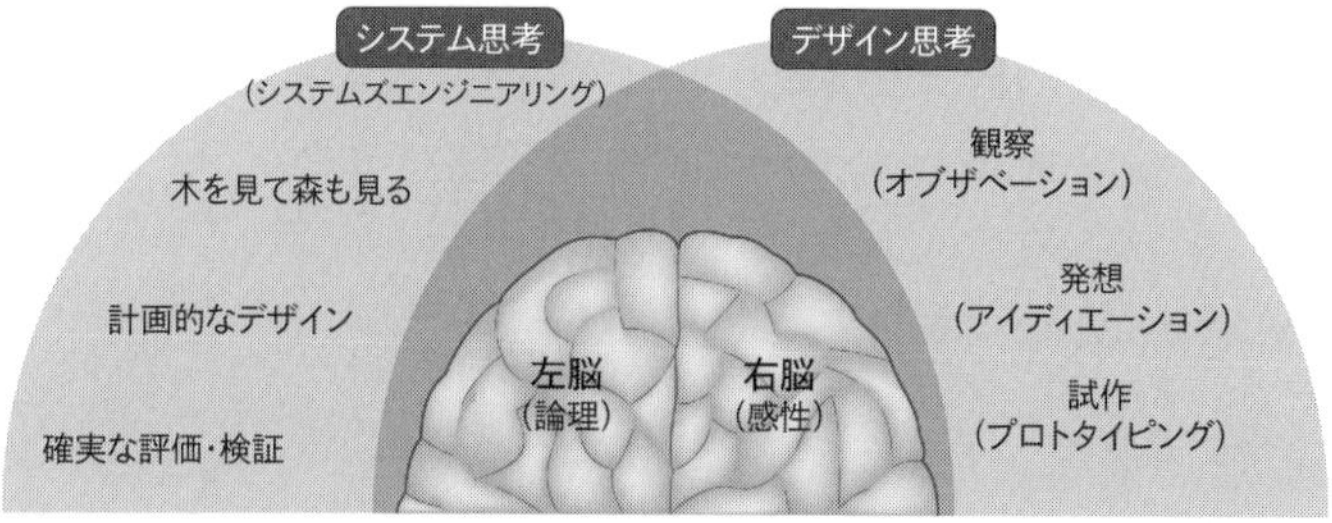

出典：前野隆司編著『システム×デザイン思考で世界を変える』20-21ページ

通常の問題解決法では、修理するか購入するかに議論のポイントが絞られますが、デザイン思考では、「そもそも、テレビは必要なのか」という問題提起からはじめるのです。

これらの思考法は、課題が山積みの今の時代を生きるためには必要不可欠なものですし、実際に家族内の問題解決にも活用できるのではないでしょうか。

ぜひ、身近なものをテーマにして、お子さんと一緒にこの思考法を試してみてください。

やり方としては、**まず観察が大切です。**課題があったら、先入観にとらわれずに観察しましょう。

あるいは、**ブレーンストーミングをベースに、自由にアイデアを出しましょう。**

このとき気をつけるべきなのが、

- **対話のプロセスと同様に、突拍子もないアイデアや、一見実現不可能だと思えるようなアイデアも決して否定しないこと。**
- **手順やルールにとらわれず、自由であること。もしかしたら、そこから新たなイノベーションが起こるかもしれないのです。**

まずは課題となるテーマを観察し、ブレーンストーミングなどを活用してアイデアを出し合い、良さそうだと思うアイデアを実践してみましょう。そこでうまくいけばそれでいいですし、失敗したら、また観察からやり直せばいいのです。

このサイクルを循環させることで、徐々に高次元へと発展し、気がついたときには、すでに課題が解決されているかもしれません。

家族でできる「システム×デザイン思考」の鍛え方

2

文字を追うだけではなかなか実態をつかむことが難しいかもしれませんので、早速、実践してみましょう。

家庭内にも、相談したり決断したりしなければならないことがたくさんあるかと思います。

以下の2つのテーマは、どこの家庭でも話題になりそうな事柄です。毎月、決まった日時に家族ミーティングの時間を設けてもいいですし、あえて時間を取らず、家族団らんのひとときなどに話し合ってもいいでしょう。

【例1　夏休みの過ごし方（休日の過ごし方）】

STEP1：ブレーンストーミング

付箋とペンさえあれば、どこでもできる手軽なアイデア出しです。たとえば、次の長期休みに何をしたいかをテーマに、それぞれできるだけたくさん書き出してみましょう。

このとき、批判はNGです。子どもが「宇宙旅行」のように突拍子もないアイデアを書いたとしても、「お、いいなあ。私も行きたいな！」と肯定するスタンスでのぞみましょう。

コツは、「質より量」。いいアイデアを出そうとするより、たくさんのアイデアを出そうとしてみてください。たくさんのアイデアを出しているなかから、すぐれたアイデアが出てくるのです。

〈テーマ〉夏休み どこへ行く？

夏休み どこへ行く？

沖縄
京都
九州
NASA

ＳＴＥＰ２：親和図法／２軸図で分類

たくさん出たアイデアを、内容の近さ（親和性）に基づいて分類する方法を「親和図法」といいます。たとえば、ＳＴＥＰ１で出たアイデアを、「海外旅行」「国内旅行」「近隣で過ごす」「自宅で過ごす」などにカテゴライズします。

カテゴライズするかわりに、「２軸図」（縦軸がコストの高低、横軸が遠近など）を用いて可視化する方法もあります。明確な分類パラメータ（コスト、距離など）が２つある場合には２軸図が有効です。

〈親和図法による分類〉

内容の近いものをグループにしていく方法

〈2 軸図による分類〉

縦軸：コスト高⇔低

横軸：学び⇔遊び

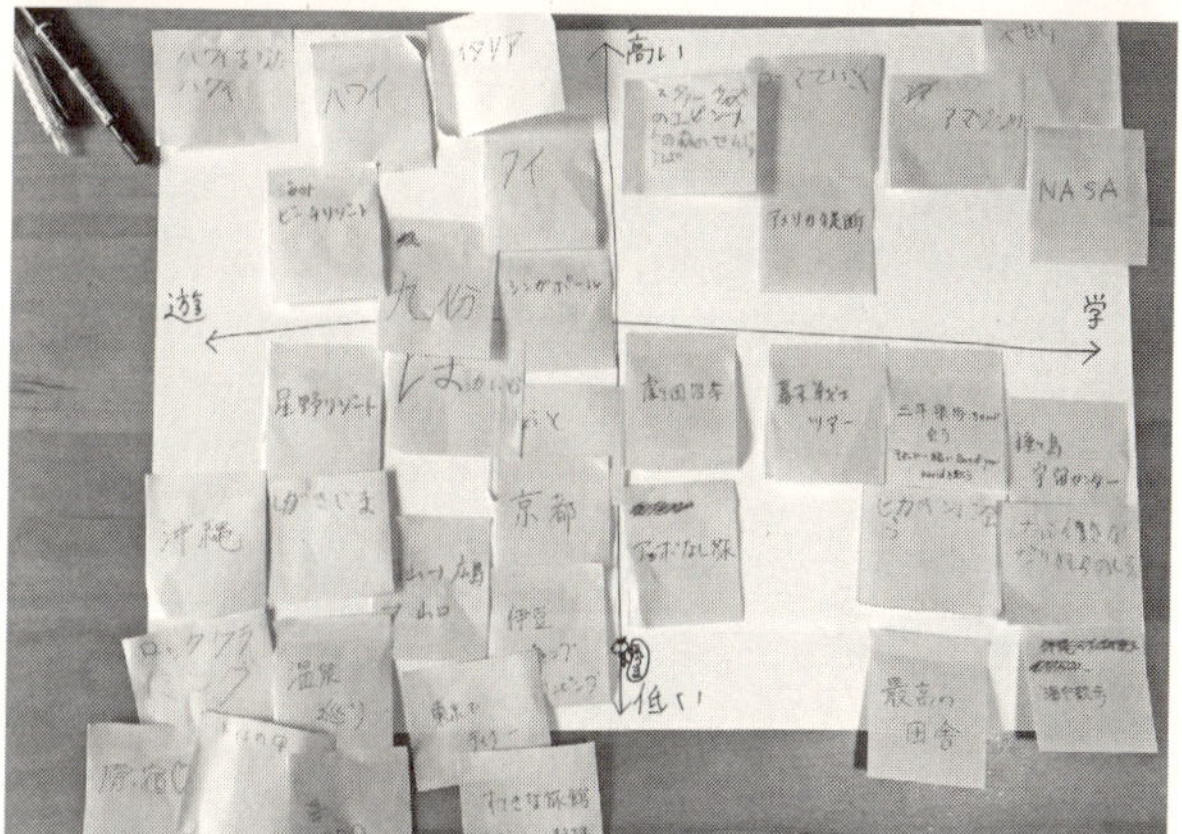

STEP3：結果を眺め、インサイトを得る

たくさんのアイデアを、親和図法や2軸図で可視化したら、その全体をみんなで眺めてインサイトを得ましょう。インサイトとは、「気づき」「洞察」という意味です。何か新しい気づきがあったらしめたものです。**その気づきを中心に対話をしましょう。**

たとえば、旅行のアイデアが自宅で過ごすアイデアよりもたくさん出たとしたら、「やっぱり、僕たちは旅行が好きな家族なんだなあ」という気づきがあるかもしれません。

その場合、テーマを「旅行に行きたい場所は？」に絞ってもう一度ブレーンストーミングしたり、「どうすれば長期旅行に行けるだろうか？」という課題についてブレーンストーミングするなど、STEP1から3を繰り返すのも1つの方法です。

ＳＴＥＰは繰り返さずに、たっぷりと対話をするのもいいでしょう。いずれにせよ、イノベーション手法を楽しく使うことにより、新しいアイデアをみんなで出すことが大切です。

【例2　志望校を決める】

ＳＴＥＰ１：観察

まずは、気になる学校について、さまざまな角度から観察することが有効です。インターネットや学校案内に記載されていることだけでなく、学校見学時には生徒や先生方の雰囲気などもじっくり観察しておくといいですね。

STEP2：2軸図で分類

学校を選ぶうえで大切にしていることを縦軸、横軸で表します（たとえば、難易度と志望度合いとか、家からの距離と学費の高低など）。

そこに、行きたいと思う学校名を分布させていきます。

STEP3：結果を眺め、インサイトを得る

親和図法や2軸図で可視化したら、その全体をみんなで眺めてみましょう。対話の中で、何か気づきがあるといいですね。

対話しながら、別の2軸図を作ってみたくなったら、作ってみてもいいし、ブレーンストーミングをしてアイデアを出したくなったら、出してみるといいでしょう。

イノベーション手法は自由な方法です。楽しみながら、のびのびと使ってみてください。

これらはあくまでも一例ですが、お伝えしたいことは、**どんな難問にも必ずイノベーティブな答えがある**ということです。

「創造的第三の解決法」のところ（172ページ）でも書きましたが、「苦情を言うか言わないか」「怒るか怒らないか」「受験するかしないか」「やるかやらないか」と、人は二者択一にとらわれがちです。しかし、イノベーション手法を使うと、2つ以外にたくさんの（第三の）解決法があることに気づくでしょう。

どうしようか悩んでいるとき、「こうしなければならない」という固定観念にとらわれそうになったとき、決断を迫られているとき、このイノベーション手法を思い出してみてください。きっと、ほかのもっといいアイデアが見つかるはずです。

あなたの家族にすばらしいイノベーションが起こることを、心より祈っています！

イノベーション手法を使うときのコツは、「幸せの4つの因子」です。第3章でも述べたように、**幸せな人は不幸せな人よりも創造性が3倍高いというデータがあります。**幸せなら、いいアイデアも出るのです。

ブレーンストーミングを、やってみよう！　困難な問題も、なんとかなる！　突飛なアイデアも、ありのままに！　みんなが参加してくれて、ありがとう！　です。

おわりに　子育てはあふれる幸せのはじまり

「親」の大変さと楽しさは、経験しないとわかりません。親だけでなく、勉強も、運動も、社会も、子どもも。あらゆることは、経験しないと理解できないのです。

誰もが、はじめはうまくいかないことばかりです。子育ての経験のなかった人が、まわりの人を見て、いろいろな意見を聞き、試行錯誤しながら経験を積んでいく。ゼロから、自分の道を歩んでいく。これこそが、子育ての醍醐味なのではないでしょうか。

子どもを育てるということは、親と子がともに「らせん階段」をぐるぐると回りながら登っていく営みのようです。「共育」です。

転んだり、つまずいたり、あるときには戻ったりしながら、少しずつ進んでいく。

困ったときには、近くにいる人にアドバイスをもらい、新しい方法を試したり、失敗したりしながら……。

親も子どもも、それぞれに進歩することの喜びを知り、チャレンジすること。その楽しさを分かち合うこと。つまり「生きる力」を養い、それをせいいっぱい活用すること。これらこそが、生きる歓びなのだと思います。

残念ながら、これまでの教育はどちらかというと、教科ごとの力を身につけさせることに注力されがちで、総合的な「生きる力」を育むような教育は、あまりされてこなかったように思います。まさに、「木を見て森を見ず」です。

その原因の1つとして、総合的な「生きる力」の教育が体系化されてこなかったことが挙げられます。しっかりと体系化されていないから、「生きる力」という正解のないものに対して、みなどう扱ったらいいのかわからず、結果的に教育のバラつきが発生してしまった。

では、どうしたら体系化できるのでしょうか。そのカギの1つが「幸福学」なのではないかと、私は考えています。

人が行うすべての活動は、人の幸せのためにあるべきなのに、これまで「幸せ」というものが具体的かつ体系的に研究されてきませんでした。**「幸せになること」は、総合的な「生きる力」を育むこととほぼ同義であるにもかかわらず、これまで「幸せ」の重要性が見落とされがちだったのです。**

一方、ここ数年はマインドフルネスやコンパッションの研究もさかんとなり、ポジティブ心理学者や科学者たちによる研究で、さらに多くのことがわかってきました。**幸せな人は、創造性やパフォーマンスが高く、利他的で、多様な友人を持ち、物事に感謝し、自己肯定感や自己受容が高い傾向にあります。**

子どもの人生が「幸せ」に満ちあふれ、豊かで充実したものになるよう、サポートするのは親の役目の1つでしょう。

しかし、**「子どもを育てる」という一見献身的な役割を果たしながら、自らも成長し、「生きる力」を育むことこそが幸せなのだということに、今こそ気づくべきではないでしょうか。**

子どもと相対するその一瞬一瞬を、全力で味わいつくす。子どもを信じる。子どもの話す言葉を、全身全霊で面白がって聴く。

きっとそれだけで、子どもの心は豊かに健やかに成長するでしょう。また、親である私たちにも、豊かでピュアな世界が広がるでしょう。

そしてぜひ、わが子だけでなく、まわりのみんなを、信じましょう。愛しましょう。みんなすばらしい。みんな違う。違うから素晴らしい。違うからこそ、ともにいる意味がある。

普段から感謝と愛をもって人と接するなら、想いは伝わります。愛は伝染するのです。そして、愛を五感で感じた人は、変わります。

自分が日々、感謝に満ちあふれて幸せに過ごしていれば、少しずつ周りも変わっていくのです。大切なことは、無理にまわりを変えようとしないこと。必要なのは、愛だけです。

わが家の子どもたちは、それぞれ大学生と高校生。いわゆる「子育て」はそろそろ終わりに近づいています。

振り返ってみて感じることは、私も妻も子育てを通して、かけがえのない経験や素晴らしい出逢い、そして数えきれないくらいの感動を得てきたということです。

私たち夫婦を親として成長させてくれた2人の子どもたちに、心から感謝していまず。私たちの子どもとして生まれてきてくれて、そして、ともに歩んでくれて、ありがとう。

私の母は、五十を超えた私に向かい、「いくつになっても子どもはかわいい」と言ってくれます。そういう意味では、八十近い母の子育てはまだ終わっていないというべきかもしれません。

母も、私も、妻も、子どもたちも、まだまだこれからもずっと育ち続けるのだと思います。天国にいる父も、それをずっと見守ってくれているのだと思います。

脈々と受け継がれる人類の営み。愛おしいですね。父と母の子として生まれてきたことの奇跡。あなたの子として生まれてきた子どもたちの奇跡。

世界は、奇跡の連鎖なんです。こんなにも素晴らしい奇跡が世界中のいたるところで起きているなんて。感動で胸がいっぱいです。世界はなんて素晴らしいのでしょう。

子ども、パートナー、両親に、感謝と愛を伝えましょう。**子どもを愛する素晴らしい力を広げるためには、愛を言葉で伝えることが大切です。**デンマークの人たちのように。

デンマークでは子どもにかかわる大人のすべてが、子どもの個性を伸ばす声がけをしているそうです。ありがとう、信じている、愛している、あなたならできる！　言葉にして伝えると、愛は広がります。

毎日感謝していると、幸せに満たされます。感謝し続けていれば、あらゆることが成長のチャンスだとわかります。すべての試練を愛せます。つまり、**人を育てることは、悟りへの修行にも似た、豊かなステップなのです。**

あなたが幸せであることを、心から祈っています。幸せの中心はあなたなのですから。**あなたが幸せならば、あなたの家族はみんな幸せです。**

あなたの家族がみんな幸せなら、そのあふれる幸せは、世界へと広がっていくでしょう。

あなたが幸せでありますように。
あなたの家族が幸せでありますように。
そして、世界中の生きとし生ける者が幸せでありますように。

「幸福学」が明らかにした
幸せな人生を送る子どもの育て方

発行日　2018年7月15日　第1刷

Author　前野隆司

Book Designer　竹内雄二
Illustrator　石川ともこ

Publication　株式会社ディスカヴァー・トゥエンティワン
〒102-0093　東京都千代田区平河町2-16-1 平河町森タワー 11F
TEL　03-3237-8321（代表）
FAX　03-3237-8323
http://www.d21.co.jp

Publisher　干場弓子
Editor　林秀樹　三谷祐一（編集協力：富岡麻美）

Marketing Group
Staff　小田孝文　井筒浩　千葉潤子　飯田智樹　佐藤昌幸　谷口奈緒美　古矢薫
蛯原昇　安永智洋　鍋田匠伴　榊原僚　佐竹祐哉　廣内悠理　梅本翔太　田中姫菜
橋本莉奈　川島理　庄司知世　谷中卓　小木曽礼丈　越野志絵良　佐々木玲奈　高橋雛乃

Productive Group
Staff　藤田浩芳　千葉正幸　原典宏　大山聡子　大竹朝子　堀部直人　林拓馬
塔下太朗　松石悠　木下智尋　渡辺基志

E-Business Group
Staff　松原史与志　中澤泰宏　西川なつか　伊東佑真　牧野類　倉田華

Global & Public Relations Group
Staff　郭迪　田中亜紀　杉田彰子　奥田千晶　李瑋玲　連苑如

Operations & Accounting Group
Staff　山中麻吏　小関勝則　小田木もも　池田望　福永友紀

Assistant Staff
俵敬子　町田加奈子　丸山香織　小林里美　井澤徳子　藤井多穂子　藤井かおり
葛目美枝子　伊藤香　常徳すみ　鈴木洋子　石橋佐知子　伊藤由美　畑野衣見
井上竜之介　斎藤悠人　平井聡一郎　曽我部立樹

Proofreader　株式会社鷗来堂
DTP　朝日メディアインターナショナル株式会社
Printing　日経印刷株式会社

ISBN978-4-7993-2316-8